Foreign Studies on Marxism and Socialism Series
国外马克思主义和社会主义研究丛书
顾问　徐崇温　　　主编　李慎明

马克思的阶级概念

〔日〕渡边雅男　著
李晓魁　译　宋丽丹　校

社会科学文献出版社
SOCIAL SCIENCES ACADEMIC PRESS (CHINA)
重庆出版集团　重庆出版社

“国外马克思主义和社会主义研究丛书”
编委会名单

在学习借鉴中发展21世纪马克思主义和当代中国马克思主义

李慎明*

习近平总书记在哲学社会科学工作座谈会上的重要讲话中明确指出:“我国哲学社会科学的一项重要任务就是继续推进马克思主义中国化、时代化、大众化,继续发展21世纪马克思主义、当代中国马克思主义。”[①]这一要求,对于我们在新的历史起点上坚持和发展马克思主义,具有重大的现实意义和深远的历史意义。

为深入贯彻落实习近平总书记重要讲话精神,在中宣部理论局指导下,中国社会科学院世界社会主义研究中心会同重庆出版集团选编了这套“国外马克思主义和社会主义研究丛书”。经过众多专家学者和相关人员的辛勤努力,终于开始奉献在广大读者的面前。

进一步加强国外马克思主义研究,是坚持以马克思主义为指导、坚持和发展中国特色社会主义的需要。2013年1月5日,习近平总书记在新进中央委员会的委员、候补委员学习贯彻党的十八大精神研讨班开班式上的重要讲话中明确指出:“中国特色社会主义是社会主义

---

*李慎明,十二届全国人大常委、内务司法委员会副主任委员,中国社会科学院原副院长,中国社会科学院世界社会主义研究中心主任、研究员。

①《人民日报》,2016年5月18日。

而不是其他什么主义，科学社会主义基本原则不能丢，丢了就不是社会主义。”[①]在哲学社会科学工作座谈会上的重要讲话中，他又强调指出：“坚持以马克思主义为指导，是当代中国哲学社会科学区别于其他哲学社会科学的根本标志，必须旗帜鲜明加以坚持。”[②]2008年国际金融危机对西方国家的影响和冲击至今仍未见底，这是生产社会化直至生产全球化与生产资料私人占有这一根本矛盾的总爆发，本质上是资本主义经济、制度和价值观的危机。经济全球化、新的高科技革命和世界多极化都在深入发展，各种政治理论思潮此起彼伏。马克思主义的“幽灵”重新徘徊在发达的资本主义社会上空。全球范围内的马克思主义和左翼思潮也开始复兴。中国特色社会主义已巍然屹立于当今世界之林。在强大的事实面前，即便是一些西方学者，也不得不承认马克思主义的强大生命力和对西方社会的重要影响力。西方国家的一些马克思主义研究者或信仰者说得更为深刻。日本著名作家内田树呼唤道：“读马克思吧！”“读过马克思之后，你会感觉到你自己思考的框子（或者说牢笼也可以）从外面被摇晃着，牢笼的墙壁上开始出现裂痕，铁栅栏也开始松动，于是你自己就会领悟到原来自己的思想是被关在一个牢笼当中啊。”[③]这些都充分说明，马克思主义的基本原理和科学社会主义的基本原则决没有过时。对这些基本原理和基本原则，我们在任何时候和任何情况下都必须毫不动摇地坚持。正因如此，习近平总书记多次强调我们党要坚持以马克思主义为指导，哲学社会科学研究工作要以马克思主义为指导，强调全党特别是党的中高级干部要认真学习马克思主义的经典著作，强调哲学社会科学工作者

---

①《十八大以来重要文献选编（上）》，中央文献出版社，2014年9月第1版，第109页。

②《人民日报》2016年5月18日。

③〔日〕内田树、石川康宏：《青年们，读马克思吧！》，于永妍、王伟译，红旗出版社，2013年10月第1版，第26页。

要认真学习马克思主义的经典著作。进一步加强国外马克思主义研究,积极借鉴国外有益经验和思想成果,无疑有助于我们在新的形势下更好地理解马克思主义的基本原理和科学社会主义的基本原则,以更好地坚持以马克思主义为指导,推进中国特色社会主义事业健康发展。

进一步加强国外马克思主义研究,是发展21世纪马克思主义、当代中国马克思主义的需要。中国是个大国。不仅是世界上最大的发展中国家,而且是世界上最大的社会主义国家;经济规模是世界第二;人口是世界人口的1/5。而且,中国有着马克思主义中国化的丰硕成果以及5000多年的优秀文化传统。新中国成立至今,特别是冷战结束至今,无论是国际还是国内实践,都为我们坚持和发展马克思主义提供了正反两方面的十分丰厚的沃壤。当今世界正在发生十分重大而深刻的变化,当代中国正在进行着人类历史上最为宏大而独特的实践创新,也面临着许多可以预料和难以预料的新情况新问题。习近平总书记指出:"这种前无古人的伟大实践,必将给理论创造、学术繁荣提供强大动力和广阔空间。这是一个需要理论而且一定能够产生理论的时代,这是一个需要思想而且一定能够产生思想的时代。我们不能辜负了这个时代。"[①]我们在坚持马克思主义基本原理的同时,决不能固守已有的现成结论和观点,必须结合当今的世情、国情、党情和民情,以与时俱进、奋发有为的姿态,解放思想、实事求是,坚持真理、修正错误,创新和发展21世纪的马克思主义和当代中国的马克思主义。

进一步加强国外马克思主义研究,是更加积极借鉴国外马克思主义研究有益成果的需要。改革开放以来,我国马克思主义研究步入了新的发展阶段。译介、研究和借鉴国外的马克思主义研究著作,成为马克思主义研究一个不可或缺的组成部分。20世纪70年代末,我国

①《人民日报》,2016年5月18日。

的国外马克思主义研究进入一个新的阶段，西方各种思潮包括“西方马克思主义”也一并进入中国，引起了学术界的关注。随着东欧剧变和苏联解体，20 世纪 90 年代初期我国对国外马克思主义的研究曾一度收缩。随着改革开放的深入，90 年代后期又开始逐步扩大，到 21 世纪头 10 年又进入了新的高速发展时期。作为深入实施马克思主义理论研究和建设工程的重要内容，2005 年 12 月，我国设立了马克思主义理论一级学科，国外马克思主义研究成为其中一个重要的二级学科。应该说，经过近 40 年的发展，我国国外马克思主义研究取得了长足的进步，结出了丰硕的成果，为增强马克思主义的影响力和说服力注入了新的内容，同时也为增强人们对中国特色社会主义的道路自信、理论自信、制度自信、文化自信，提供了有价值的理论资源。但同时也要清醒地看到，我国国外马克思主义研究所取得的成果，与它理应承担的使命、任务相比还存在不小差距。虽然国外马克思主义研究的前沿流派和代表人物不断被引介过来，一些比较新奇的观点也令人有眼花缭乱之感，但总体上看，国外马克思主义研究并不尽如人意，一些问题也越来越突出。比如，在表面的繁荣之下，有的被研究对象牵着鼻子走，失去了曾经清晰的目标；有的陷入至今仍未摆脱的迷茫和瓶颈期。又比如，在国外马克思主义研究过程中，有的缺乏辩证思维，把“西方马克思主义”奉为圭臬，认为它富有“新思维”，是马克思主义的新发展；有的甚至把列宁、斯大林时期的马克思主义和中国的马克思主义看作是“走形变样”的政治话语，是“停滞、僵化的马克思主义”。国内外也有一些人企图用黑格尔来否定马克思，用马克思来否定列宁，用否定列宁来否定中国的革命、建设和改革开放，进而企图把中国的社会主义现代化建设和改革开放引入歧途。

虽然造成上述状况的原因是多方面的，但翻译性学术著作和资料的数量有待进一步拓展、质量有待进一步提升，也是其中的重要原因。总的看，目前国外马克思主义研究著作虽已有许多被译成中文出版，但整体上并不系统，而且质量参差不齐。

从借鉴国外马克思主义研究有益成果，发展21世纪马克思主义、当代中国马克思主义这一宗旨出发，在新的条件下继续翻译出版“国外马克思主义和社会主义研究丛书”，必将有助于我国学界更加深入、系统地研究国外马克思主义。这套丛书的出版，可以说是对国外马克思主义研究成果的一次重新整理，必将有利于我们进一步深化国外马克思主义研究，在借鉴国外马克思主义研究的有益资源过程中，为繁荣发展21世纪马克思主义、当代中国马克思主义作出新的贡献。

经过比较严格的遴选程序进入这套丛书的著作，主要聚焦和立足马克思主义理论研究，既注重立场性、代表性、权威性和学术性的统一，又兼顾时代感和现实感。同时，我们还邀请国内相关领域的知名专家分别为每本著作撰写简评并放在各本著作的前面，对该书的核心思想和主要内容作了简要介绍和评析，以尽可能帮助读者了解这些作品的理论价值、现实意义和历史局限。

这里特别需要指出的是，由于我们的能力、水平有限，这篇总序和每一本书的简评，或许还存在这样那样的不足，敬请各位读者不吝指教。不妥之处，我们将及时修正。

我们希望，这套丛书既能够在理论界、学术界，同时又能够在广大党员干部中产生一定影响，以期不断加深人们对马克思主义和社会主义的理解、把握和认同。

是为序。

2016年12月1日

深入理解作为历史范畴的阶级

梁　柱*

阶级和阶级斗争的问题，是马克思的著述中涉及最多的一个重要问题，是贯穿马克思学说的一个重要线索。1852 年 3 月 5 日，马克思在致约·魏德迈的信中说："在我以前很久，资产阶级历史编纂学家就已经叙述过阶级斗争的历史发展，资产阶级经济学家也已经对各个阶级作过经济上的分析。我所加上的新内容就是证明了下列几点：（1）阶级的存在仅仅同生产发展的一定历史阶段相联系；（2）阶级斗争必然导致无产阶级专政；（3）这个专政不过是达到消灭一切阶级和进入无阶级社会的过渡。"① 这个新内容，为科学社会主义奠定了坚实的理论基础。马克思主义的阶级观点和阶级分析方法，为观察阶级社会的各种现象、揭示事物发展的本质提供了锐利的武器。正如列宁在《卡尔·马克思》一文中所说："马克思主义提供了一条指导性的线索，使我们能在这种看来扑朔迷离、一团混乱的状态中发现规律性。这条线索就是阶级斗争的理论。"② 他在《论

*梁柱，北京大学原副校长，教授。

① 《马克思恩格斯文集》第 10 卷，人民出版社，2009，第 106 页。

② 《列宁选集》第 2 卷，人民出版社，1995，第 426 页。

国家》中还说："必须牢牢把握住社会划分为阶级的事实，阶级统治形式改变的事实，把它作为基本的指导线索，并用这个观点去分析一切社会问题，即经济、政治、精神和宗教等等问题。"① 阶级和阶级斗争观点的科学性，已被历史和现实不断证明。但是，一个时期以来，由于当代资本主义出现某些新的情况，特别是在苏东剧变、世界社会主义运动处于低潮的情况下，马克思主义"过时论"、社会主义"失败论"、共产主义"渺茫论"等等谬说，有很大的市场。于是，质疑、扭曲以至于否定马克思的阶级和阶级斗争理论，也就成为某些人的一种时髦。渡边雅男教授的《马克思的阶级概念》，正是针对这种质疑，对马克思的阶级概念及其相关问题进行了梳理和阐述，全面地向读者介绍了马克思的阶级理论。

渡边雅男是日本一桥大学社会学部教授，曾任一桥大学社会学部部长、校长助理等职，还担任英国谢菲尔德大学、德国海德堡大学客座教授。曾多次应邀来华讲学，同中国社会科学院、中央编译局、清华大学等保持密切的学术交流关系。他是日本著名的马克思主义学者，在社会学、政治学领域发表了大量专著、译著等，在海内外产生很大的影响。《马克思的阶级概念》一书，是渡边雅男教授系统介绍马克思的阶级理论的一部专著，具有重要的理论价值和现实意义。

作者具有明确而鲜明的问题意识，他不仅针对"那些敢于对阶级概念不问青红皂白地否定和擅自下结论而不知羞愧的说教"，而且有很强的现实针对性，即现实世界还存在着各种不平等的事实，如作者自序中说："身处新自由主义掌握霸权的现代社会，在直视差别和不平等蔓延的现实，并且从中需要直面个人的无力与绝望时，用具有深层意义的'阶级'来思考这些问题是理所当然的。"正是基于这样的认识，作者通过认真研读马克思的著作，从马克思的著述中

① 《列宁选集》第4卷，人民出版社，1995，第30页。

探究马克思的阶级概念。作者提出本书直接的主题是关于马克思的阶级概念的理论再构成，这实际上就是他表达的："马克思的阶级概念作为社会科学方法概念，以蕴含丰富的内容而值得夸赞，缺少了这种认识，今后马克思主义学问的发展就会出现危机。使人类共通的世界遗产——马克思的阶级论——在现代复活，这就是我的愿望。"这一深刻而真诚的愿望，成为贯穿全书的主旨。

作者在本书中除了"问题的提出"和第六章小结外，其主体的五章，分别就阶级概念的社会科学意义、社会阶级分类、阶级斗争——过去与现在、国家机构和阶级统治、民族解放和殖民地统治等问题展开论述。读者阅读本书时，可通过作者的论述，着重了解以下几个问题：

一、私有制和阶级的产生。作者提出："如果说阶级主体的设定是作为人格化的经济学范畴的工人或者资本家，那么他们被认定为阶级主体的依据在那儿？换言之，是什么原因导致了阶级的形成?"对这个问题的探究和回答，有助于我们认识和理解马克思的阶级理论。

我们知道，阶级是一个历史范畴，不是人类社会从来就有的，也不是永恒存在的。它是人类历史发展到一定阶段才产生的，也只存在于历史长河的一定阶段。在原始社会，生产力十分低下，只能勉强维持人的生存，不可能有剩余产品。因此，这时没有私人占有生产资料，没有剥削他人的手段，也就没有阶级的存在。到原始社会后期，生产力有了一定的发展，出现了剩余产品，劳动力也就有了价值，这就为私有制和阶级的产生提供了可能。但要使这种可能变为现实，还需要通过社会分工和个人之间交换的出现这样一个过程。恩格斯说："分工的规律就是阶级划分的基础。"① 这里所说的分工，不是指原始社会早期两性之间的自然分工，而是指有固定专

① 《马克思恩格斯文集》第9卷，人民出版社，2009，第298页。

业划分的分工。分工的规律之所以会成为阶级划分的基础，其原因有二：一是有了分工就必然产生产品交换，而通过交换就会加剧财产的积聚和集中，使得财富日益掌握在少数人手里，这就促进了私有制的形成和发展。生产资料私有制的出现，就使社会成员急剧分化，分裂为占有生产资料的剥削阶级和靠出卖劳动力的被剥削阶级，这就成为界限分明的阶级分野。二是随着分工的进一步发展，出现了脑力劳动和体力劳动的分工与对立，由于这种分工，出现了一批只消费不生产、只享受不劳动的人。所以，分工不仅使物质活动和精神活动、享受和劳动、生产和消费由各种不同的人来分担这种情况成为可能，而且成为现实。这些直接脱离生产劳动的人，专门从事生产的管理以及政务、司法等活动，成为剥削阶级的组成部分。这样，氏族社会就向奴隶社会过渡，人类文明的曙光开始出现，虽然奴隶制是残暴的，但人作为劳动力被保存下来了，是社会生产力发展的进步；这时除了奴隶主与奴隶的对立之外，自由民中的富人和穷人的阶级分化也进一步发展起来了。

如前所述，在马克思主义产生之前，某些资产阶级历史学家已经叙述过阶级斗争的历史，某些资产阶级经济学家曾对社会各阶级做过经济上的分析。但由于受到阶级和历史的局限，他们都不能科学地揭示阶级的实质。列宁依据马克思的阶级理论，深刻揭示了阶级的实质，他指出："所谓阶级，就是这样一些大的集团，这些集团在历史上一定的社会生产体系中所处的地位不同，同生产资料的关系（这种关系大部分是在法律上明文规定了的）不同，在社会劳动组织中所起的作用不同，因而取得归自己支配的那份社会财富的方式和多寡也不同。所谓阶级，就是这样一些集团，由于它们在一定社会经济结构中所处的地位不同，其中一个集团能够占有另一个集团的劳动。"① 全面理解和

① 《列宁选集》第4卷，人民出版社，1995，第11页。

掌握列宁的这个定义，有助于我们认识马克思的阶级概念。在这里，对生产资料的关系不同，是区分阶级的最主要的标志，因为“在社会劳动组织中所起的作用不同”和“领得自己所支配的那社会财富的方式和多寡也不同”，都是由对生产资料的关系不同所决定的。

作者在本书第一章中，详尽论证并坚持马克思关于阶级的上述基本概念，他强调社会阶级概念的科学性，是发掘出隐藏在社会现象背后的本质。他从多方面论证阶级概念作为社会科学的意义，但他又不是单线式的、固定化地看待阶级概念，而是从自然现象和整个社会现象中考察阶级问题。他不但指出在阶级内部和阶级关系中，在一定条件下也会发生变化和流动，而且在第二章中还专门论述了社会阶级分类，实际上探讨了阶级中不同阶层的存在和特点。这就是说，在同一阶级中，由于经济地位不同而分成若干不同的阶层，如地主阶级中因占有土地多少不同，而有大中小地主之分；农民阶级也同样有贫农、中农之分。这种经济地位的差异也会影响到他们的政治态度。作者通过对马克思的阶级概念的考察，强调阶级不仅是经济问题，也是政治的、文化的（思想）问题，这是符合社会历史实际的。从上述阶级定义中可以说明，阶级首先是一个经济范畴，但它又不仅仅是一个经济范畴，而且是一个广泛的社会范畴。阶级的产生是由经济原因引起的，但它一旦产生出来，就会在经济关系的基础上，派生出不同阶级的政治立场和意识形态，等等。作为一个阶级，它是经济地位、政治立场、意识形态这几个方面的有机统一体。作者对阶级概念多方面的分析，对于我们认识马克思的阶级理论的科学性和丰富性，正确理解和运用阶级分析方法，是有帮助的。

这里还要特别指出，作者在论述马克思关于阶级的概念时，强调马克思主张的并非“阶级平等”，而是“阶级消亡”，“无产阶级专政”不过是为了达到这个目的的过渡期。这是非常正确的，有重要的现实意义。应当说，马克思的阶级理论，不仅为我们了解和分析阶级社会及其历史提供了科学的方法，而且也为最终消灭阶级指明了方向，即消灭产生阶级的根源，消灭私有制。

二、阶级斗争在社会发展中的作用。作者在本书第三章中阐述了阶级斗争的过去和现在，从历史和现实中探讨阶级社会的动态性，也就是他说的用来论证"'至今一切社会的历史都是阶级斗争的历史'，马克思这句名言中蕴含的思想。"由于作者在这里没有着重说明马克思主义关于阶级斗争的基本原理，所以这里对这个问题作一简要的说明，便于读者在阅读时更好地理解阶级斗争的问题。

马克思主义经典作家考察了人类社会的全部历史发展，指出："以往的全部历史，除原始状态外，都是阶级斗争的历史"。[①] 阶级利益的对立及其不可调和性是阶级斗争的根源。所以，剥削阶级和被剥削阶级、统治阶级和被压迫阶级利益的相互对立，"对一些人是好事，对另一些人必然是坏事，一个阶级的任何新的解放，必然是对另一个阶级的新的压迫"[②]。这样，阶级斗争就成为不可避免的事实，成为贯穿阶级社会的一条主线。阶级斗争是指各对抗阶级之间的斗争，其中包括剥削阶级之间的斗争，如奴隶主和奴隶、地主和农民、资产阶级和无产阶级之间的斗争；也包括处在上升时期的剥削阶级和腐朽没落的剥削阶级之间的斗争，如奴隶社会末期和封建社会初期新兴地主阶级反对没落奴隶主阶级的斗争，封建社会末期和资本主义初期新兴资产阶级反对没落封建主阶级的斗争。由此可见，从根本上说，阶级斗争是由于物质利益的对立引起的，利益对立的阶级之间进行阶级斗争的目的，也都是直接或间接地追求和获得某种利益。统治阶级是为了维护和扩大自己既得的物质利益，被统治被压迫阶级则是要从

① 《马克思恩格斯文集》第9卷，人民出版社，2009，第387页。
② 《马克思恩格斯文集》第4卷，人民出版社，2009，第197页。

统治阶级手中夺取自己应有的物质利益。作者在书中所叙述的阶级斗争的历史和现状，都属于这两个范围和目的而进行的阶级斗争。当然，处在同一社会形态中的两个被剥削的劳动阶级，如工人阶级和农民阶级，他们之间也有差别和矛盾，但不存在对抗的性质，因而他们之间矛盾的解决不取阶级斗争的形态。

作者在叙述阶级斗争的历史和现状时，涉及阶级斗争的各种形式。我们知道，阶级斗争存在于一切阶级社会之中，存在于各个阶级社会的各个领域之中，一般地说，阶级斗争有三种基本形式：经济斗争、政治斗争和文化思想斗争。这里以资本主义社会中的无产阶级和资产阶级之间的阶级斗争为例，作一说明。经济斗争是无产阶级和资产阶级之间进行斗争的最初形式，是无产阶级处在自在阶段为改善自己的劳动条件和生存条件向资本家进行以谈判、罢工为主手段的斗争。经济斗争是维护无产阶级自身利益的一个必要的发展阶段，有利于工人的觉醒和组织起来；但它的局限性在于斗争还只限于个别行业、个别企业和个别地方的行动，是为追求眼前的局部的利益，没有形成反对整个资产阶级的联合斗争，所以必须向更高的政治斗争阶段发展。政治斗争是指无产阶级为实现一定的政治目标，直至为推翻资产阶级的统治、建立自己的政治统治而进行的斗争。政治斗争包括政治罢工、议会斗争、武装起义等形式，而其日的是推翻资本主义的剥削制度，通过建立无产阶级专政的途径，建立起没有剥削和压迫的新社会。而文化思想斗争是经济斗争和政治斗争的反映，又给予经济斗争和政治斗争以巨大的影响，无论是革命准备阶段、革命过程、还是巩固革命成果阶段都是不可忽视的领域。马克思、恩格斯在《共产党宣言》中指出："一切阶级斗争都是政治斗争。"[①] 这不仅充分体现政治斗争的重要地位和作用，而且

① 《马克思恩格斯文集》第2卷，人民出版社，2009，第40页。

也指明无产阶级斗争的性质和目的。革命的根本问题是国家政权问题。无产阶级只有推翻资产阶级的统治，才能实现共产主义的大同社会。所以，马克思主义的阶级斗争理论，最终是为了消灭阶级斗争。

作者在对阶级斗争的历史和现在的叙述中，表明了阶级斗争在社会发展中的重要作用。历史和现实表明，阶级斗争是阶级社会历史发展的直接动力，这主要表现两个方面：首先，阶级斗争推动社会发展的伟大作用，最显著的是表现在社会形态交替的过程中。唯物史观的基本原理告诉我们，生产关系必须适合生产力发展的要求，上层建筑必须和经济基础相适应的规律，是人类社会发展的普遍规律。在阶级社会里，当生产关系严重阻碍生产力的发展，上层建筑严重阻碍经济基础变革的要求时，必然引起社会革命，通过推翻旧的经济政治制度，解放生产力，从而实现社会形态的更替，以新的、更高的社会形态实现社会的进步。其次，阶级斗争对社会的发展和进步作用，也表现在同一社会形态的量变过程中。在阶级社会中，剥削阶级的残暴统治和无休止的掠夺，严重破坏社会的再生产，人民痛苦不堪。在这种情况下，只有被压迫阶级起来反抗，才能迫使反动统治者采取某些缓和矛盾的措施，这种让步在一定程度上有利于恢复和发展社会生产力。历史上的农民战争，资本主义社会的工人罢工斗争等，都会起到这种作用。

三、国家的本质。作者从阶级社会与国家的关系上，揭示相关国家机构的阶级性质，这对于廓清在国家问题上的种种迷雾，认识国家的本质，是很有帮助的。由于国家问题直接涉及统治阶级的根本利益，因此历史上的统治阶级思想家总是把它搞得非常混乱。传统的唯心主义历史观就是把国家看作决定的因素，而把经济关系看作被国家决定的因素，完全颠倒了它们之间的关系，从而有意无意地掩盖了国家的本质。只有马克思主义才第一次对国家作出科学的说明，揭示了国家的本质。这是作者论述国家问题的基本立足点。

在关于国家起源的问题上，作者认为："经济权力和政治权力相区别，是马克思国家论的基本前提。""与政治权力作为对比的经济权力，相当于对应着国家权力的社会权力，这就意味着通过所有权而掌握社会实权的人即拥有所有者的权力。"

这是很对的。因为阶级的出现是国家形成的基础，原始社会不存在阶级的划分，也就没有国家；原始社会后期出现了阶级分化，一些掌握经济权力的利益集团，随着它们势力的膨胀，就有了掌握政治权力的需要和要求，于是逐渐形成了国家。为什么社会有了阶级划分就必然会产生国家呢？历史上最早出现的阶级是奴隶主和奴隶，前者占有全部生产资料，而后者一无所有，奴隶只是会说话的工具，可以任凭奴隶主奴役、买卖和屠戮。这种少数有经济权力的人对占人口多数的奴隶进行残酷的奴役和剥削，必然造成奴隶的逃亡、暴动和起义，以求得摆脱被压迫被剥削的命运。这是不可调和的阶级矛盾。奴隶主为了维护自己的经济利益，只用经济手段对奴隶进行剥削是不够的，这就需要通过建立政治权力来确立自己的统治地位，用强力使奴隶绝对服从自己的统治，同时也借助强力缓和奴隶主和奴隶的矛盾，维护奴隶制的秩序，使这种残暴的剥削和奴役合法化、固定化。这种强力，就是通过建立国家机构来实现的。历史上剥削阶级建立的就是这种少数人对多数人统治的国家制度。所以列宁指出："国家这种强制人的特殊机构，只是在社会划分为阶级，即划分为这样一些集团，其中一些集团能够经常占有另一些集团的劳动的地方和时候，只是在人剥削人的地方"。[①]

作者围绕"阶级国家"这一马克思国家学说的核心问题，对与国家相关的诸如法律与秩序、官僚、公共事业、税制、中央集权、

① 《列宁选集》第4卷，人民出版社，1995，第28页。

军队等问题展开深入分析，帮助我们正确认识国家虽然具有管理公共事务的职能，但绝不是整个社会的代表，不是凌驾于社会各阶级之上、调和阶级矛盾和阶级冲突的一种力量。国家既然是阶级矛盾不可调和的产物，它也必然是为一定的阶级利益服务的。自从国家产生以后，有四种历史类型：奴隶制的、封建制的、资本主义的和社会主义的。前三种国家都是少数剥削阶级压迫广大劳动人民的工具。为什么历史上只有剥削阶级才能建立自己的国家，而被剥削阶级不能建立自己的国家呢？这是因为国家属于上层建筑，它必须建立在一定的经济基础之上。只有在经济上占统治地位的阶级，即拥有生产资料的阶级，才有条件、有力量建立起自己的国家。他们所以需要建立国家，就是为了要通过强力建立起这样一个秩序：一方面使剥削阶级的经济权力和政治权力合法化、固定化；另一方面剥夺被压迫阶级用来推翻统治阶级的斗争手段，镇压被压迫阶级的反抗斗争，把阶级斗争限制在统治阶级允许的范围内。正如恩格斯所指出的："由于国家是从控制阶级对立的需要中产生的，由于它同时又是在这些阶级的冲突中产生的，所以，它照例是最强大的、在经济上占统治地位的阶级的国家"。①

作者指明国家的本质是阶级的国家，说明国家是一个历史范畴，不是永恒的。只有通过废除阶级，才能最终废除国家。社会主义国家作为多数人对少数人统治的国家，就担负着这样的历史使命。对于这种历史的进程与前景，恩格斯说："马克思和我从1845年起就持有这样的观点：未来无产阶级革命的最终结果之一，将是称为国家的政治组织逐步解体直到最后消失。"②

四、民族解放。作者以专门一章论述民族解放和殖民地问题，

① 《马克思恩格斯文集》第4卷，人民出版社，2009，第191页。

② 《马克思恩格斯文集》第10卷，人民出版社，2009，第506页。

他提出殖民地统治与阶级统治是表里一致的，这是一个很正确、很深刻的命题。资本主义强国奴役和剥削落后国家以致使其变为自己的殖民地或半殖民地的政策和行为，是资本主义的产物，是资产阶级的阶级统治在世界的延伸。这种殖民主义的统治虽然经历不同的发展阶段，但其残暴性对被压迫民族来说，都是具有毁灭性的。所以，随着资本主义的发展和国际交往的扩大，民族和地区的历史越来越成为世界历史。但是，这个世界历史并不是全世界各民族的平等相处和普遍繁荣的历史，其基本特征恰恰在于“它使未开化和半开化的国家从属于文明的国家，使农民的民族从属于资产阶级的民族，使东方从属于西方”①。

作者力图阐明马克思关于殖民地和民族解放的深刻思想，他说：“猛烈地批判了在殖民地呈现的资产阶级文明的极端伪善性和它的野蛮性的马克思，另外深刻地考察了使民族统治成为可能的殖民地具备的特殊历史条件。”在 1848 ~ 1849 年欧洲革命之后，马克思集中精力总结法国和德国这两个资本主义国家革命的经验，与此同时，他对被压迫人民的民族解放斗争也给予了越来越多的关注，并且联系无产阶级革命的前景来考察和研究民族与殖民地问题。马克思在 1853 年撰写的《不列颠在印度的统治》和《不列颠在印度统治的未来结果》两篇文章，就是他运用唯物史观比较系统地考察殖民地问题的重要文献。本书作者依据马克思在这两篇文章中提出的重要思想并以印度为实例，来论述殖民地和统治民族解放的问题。

历史表明，西方殖民主义的侵略和掠夺，大大促进了西欧资本主义的发展。印度是西方殖民者竞相争夺的重要对象之一。当时的印度包括今天的印度、巴基斯坦和孟加拉国，是相当于整个欧洲的一个大国。英国在印度的殖民主义活动首先是通过它建立的东印度

① 《马克思恩格斯文集》第 2 卷，人民出版社，2009，第 36 页。

公司进行的。在1757～1849的92年间，东印度公司通过多次发动侵略战争和其他手段，实现了英国对全印度的征服。本书作者通过大量血腥的事实揭露了殖民主义者的入侵给印度人民造成的深重灾难，揭示了马克思所指出的“资产阶级文明的极端伪善和它的野蛮本性”。作者在控诉西方殖民主义者暴力行径的同时，十分赞赏马克思独到的眼光，即用历史的观点考察印度社会的变动，马克思说：“英国在印度要完成双重的使命：一个是破坏的使命，即消灭旧的亚洲式的社会；另一个是重建的使命，即在亚洲为西方式的社会奠定物质基础。”① 很显然，这双重使命又都具有历史的进步性。

应当怎样看待这种历史的进步性呢？我们知道，马克思确立的唯物史观是建立在生产力发展的基础上，而不是用伦理道德的标准看待历史。在马克思主义看来，“恶”也是历史发展的重要动力。这里所说的“恶”，主要是指私利、私欲、权欲、剥削、竞争、殖民统治等。恩格斯在《路德维希·费尔巴哈和德国古典哲学的终结》一书中，就对黑格尔关于恶是历史发展动力的观点持赞同的态度，他说：“在黑格尔那里，恶是历史发展的动力的表现形式。这里有双重意思，一方面，每一种新的进步都必然表现为对某一神圣事物的亵渎，表现为对陈旧的、日渐衰亡的、但为习惯所崇奉的秩序的叛逆；另一方面，自从阶级对立产生以来，正是人的恶劣的情欲——贪欲和权势欲成了历史发展的杠杆，关于这方面，例如封建制度的和资产阶级的历史就是一个独一无二的持续不断的证明。”② 马克思在上述关于印度的两篇文章中，一方面无情鞭挞了西方殖民主义者在东方犯下的滔天罪行，另一方面又着重论述了东方社会的原始性、落后性和野蛮性，并指出西方殖民主义者对东方社会结构的破坏，是

① 《马克思恩格斯文集》第2卷，人民出版社，2009，第686页。

② 《马克思恩格斯文集》第4卷，人民出版社，2009，第291页。

在东方实现了一场真正的社会革命，推动了东方社会的进步。这当然不是出于西方殖民主义者的本意，而是客观上所起的作用。

但是，在英国殖民主义者残暴的统治下，印度并没有、也不可能出现西方式的新社会。马克思所说的“重建的使命”，并不是指殖民主义统治造成的直接现实，而是指“未来结果”。事实上，殖民主义残暴的统治必然激起广大人民群众的反抗斗争，而且随着当地资本主义的发展，也孕育了殖民主义的埋葬者，包括新兴的资产阶级和日益觉醒的无产阶级。这就是历史的辩证法。

此外，读者在阅读本书时，还要关注作者直面现实的批判精神。如前所述，作者有明确的问题意识，所以在论述马克思的阶级理论时，表现出对现实提出的问题进行探究和批判的精神。比如，对于因为股份制公司的出现，使所有与管理的分离一般化，资本家阶级分解为所有者（股东）与经营者，有人就因此怀疑和否定马克思的阶级理论。这个问题我们并不陌生，中外一些学者把这种现象说成是“资本民主化”“经理革命”“收入平均化”等，制造出“人民资本主义”的概念，鼓吹资本主义“变性”论。作者在本书第二章的“资产阶级的分化”一节中，就专门对当时已经出现的股份公司，介绍了马克思的相关分析。马克思既肯定股份制公司的出现，“是现代最不寻常的经济现象之一，应当最认真地加以研究”①，认为将来它们会得到无比宽广的发展；同时又深刻揭露股份公司制度“它再生产出了一种新的金融贵族，一种新的寄生虫，——发起人、创业人和徒有其名的董事；并在创立公司、发行股票和进行股票交易方面再生产出了一整套投机和欺诈活动”②。这样，分散的私人股东只是资本权利名义上的掌控者，经营者就是实质上的掌控者，成为资本

① 《马克思恩格斯全集》第12卷，人民出版社，1962，第26页。
② 《马克思恩格斯文集》第7卷，人民出版社，2009，第497页。

家阶级的组成部分，并巩固了资本本身的统治。同时我们还要看到，股份公司股票的持有表面上看是分散化了，但实际上是持有者的份额多少决定其地位和作用的不同，绝大部分股票仍然掌握在少数资本家手里。这里以1983年美国为例，其实际情况是：10%的富裕家庭拥有公司股票8765亿美元，占公司股票总额的89.3%，其中0.5%的超级富裕家庭拥有4566亿美元股票，占公司股票总额的46.5%，其余90%的普通家庭仅拥有1050亿美元股票，而92%的普通工人连一张股票也没有。① 这就深刻说明，资本组织的形式会发生变化，但没有改变所有制的性质。

这个实例说明，对于现实生活中出现的新现象，要给予正确的分析和回答，但又不能因此而轻易地否定包括阶级理论在内的马克思主义的基本原理，这样才能够正确地坚持和发展马克思主义。作者阐述的这个问题，有重要的现实意义。苏东剧变后，美国驻苏联最后一任大使马特洛克在他写的《苏联解体亲历记》中，记述了戈尔巴乔夫同老布什总统1989年12月在马耳他岛的会晤时，戈尔巴乔夫说了一句：“在西方，许多财产归集体所有，股份公司即是明显的例子。”老布什忽略了这句话的含义。马特洛克却抓住了这句话，他说：“戈尔巴乔夫正在试图对‘社会主义’产权重下定义。虽然他仍在‘私有财产’这个术语上纠缠不清，但准备把持股人拥有的公司看作一种可以接受的‘集体所有制’形式，如果他能够使这一定义站住脚，必将为国有大型企业的私有化开辟一条道路。因此这也标志着他思想进路程中的一次重大飞跃。”这就从反面给了我们警示。

诚然，由于作者主要是从马克思的著述中来论述马克思的阶级

---

① 转引自黄素庵、甄炳禧：《重评当代资本主义经济——科学技术进步与资本主义经济的变化》，世界知识出版社，1996，第223~224页。

概念，引文较多，在历史与逻辑相统一上对某些重要观点展开分析还略显不足，这对读者特别是非专业的青年读者阅读和理解还有一定的困难。希望读者通过对本书的阅读会产生读原著的兴趣，使自己对这一重大问题的了解更加深入。这就是恩格斯所提倡的：要“研究原著本身”①。这样才会深刻透彻地理解马克思主义经典作家的博大精深的思想。同时，在这本论述马克思的阶级理论的书中，没有涉及现实的社会主义社会的阶级和阶级斗争问题，也显得不足。应当说，实践中的社会主义社会，属于马克思说的“是达到消灭一切阶级和进入无阶级社会的过渡”。这就是说，在社会主义社会特别是它的初级阶段，作为完整的剥削阶级已经消灭，但一定范围内的阶级斗争仍将长期存在，我们必须清醒地认识这个客观事实。阶级斗争熄灭论和阶级斗争扩大化，都同样是错误的。

总之，这是一本对于我们了解马克思的阶级理论很有帮助的好书。

---

① 《马克思恩格斯全集》第36卷，人民出版社，1974，第200页。

目　录

作者自序

本书直接的主题是关于马克思的阶级概念的理论再构成，但在此背景下存在着笔者试图全方位恢复“阶级论”的问题意识。身处新自由主义掌握霸权的现代社会，在直视差别和不平等蔓延的现实，并且从中需要直面个人的无力与绝望时，用具有深层意义的“阶级”来思考这些问题是理所当然的。何以这样说呢？这是因为差别和不平等在全球范围的扩大在制造着大量贫困生活者的同时，却让掌握支配权的人积累着庞大的财富。像这样不平等的结构根本不能被简单地认定为个人的问题，而是集团和社会的问题，并且，这不仅是经济问题，也是政治的、文化的（思想）问题。进一步说，什么是阶级？阶级就是指身处不平等社会关系中的人类集团。这种不平等的社会关系是以经济的财富、政治的权力、文化的威信、社会的地位（榨取、非榨取的关系，支配、从属的关系，影响力多寡的关系，地位的上下关系）的不平等为基础的。如上所述，如果把在这种不平等状况下产生的结果简单地归结为个人责任的问题，那只能说是完全错误的。

对社会表面现象的反省，对其本质的理解、认识的方法原本是无数的。从差别的角度对社会现象考察，把它作为阶级的现实来理解，对其本质从阶级社会的观点进行探求是本书总体的问题意识。从此意图来看应该采取的方法并不局限于社会科学。如果用文学的或者新闻评论的方法来考察，其可以成为出色的报告文学；利用影像能制成经典的纪录片；用政治运动的方式来进行，揭示政治动员的目标，按照特定的战略可以制成政治纲领。但是在这里，本书完全基于社会科学的立场。那么，什么是社会科学？——按照经验的、历史的、主体的、整体的等特定的方法论程序，在一种观念的世界里，扩展知识构架（智力研究）。其不同于宗教的感悟，不同于来自艺术的直观，不同于哲学的理性，也不同于新闻评论者的观察，更谈不上政治的动机，仅仅是按照学问的方法和程序在被严格要求的世界里，进行知识构架（智力研究）。

当然，虽说本书强调站在社会科学的立场，但并不是说这一立场有言论上的优越性，更谈不上这一立场与宗教的立场、政治的立场、文学的立场、新闻评论者的立场以及其他的立场相对立。笔者在这里想强调的是，在设想言论构建时，言论的立场所限定的方法论上的制约。即，必须要意识到社会科学所要求的方法论上的制约这一不言自明的事实。对追求社会科学认知的人不能对其推荐宗教的方法、政治的方法和文学的方法。仅此而已。当然，优秀的知识构架（智力研究），必须要超越表面的观察进而洞察其本质。从此意义上看，通过优秀的文学创作、宗教体验和社会观察，我们可以学习到各种各样的社会科学知识。而且，可以说一切社会科学都应该尽可能地认真面对现实中的矛盾，共享一切优秀的知识构架方式及其所设定的方向。但是，即便是最优秀的宗教体验，尽管这一体验中充满了对社会和人类本质的理解，也远远赶不上最基础的社会科学研究，换言之，对于基础社会科学研究来说，最重要的是研究方法。即，反映现实的社会科学所固有的媒介方式。社会科学是以根本概念的相互关系为范畴组织的体系来发展，并在其发展中，将现实抽象为观念性内容，进而加以再构建。这一点，与其他的知识构架（智力研究）方式有明显的区别。正如日本著名的马克思主义者户坂润（戸坂潤）在1935年所言，“概念实际上不仅仅只是观念，而是把握事物最适合的观念”。[①] 因此，反映现实，将其概念进行范畴展开的过程中，科学才可能发现相异于其他知识构架（智力研究）方式的独特性。

一般情况下方法是由目的规定的。社会科学的目的又是什么呢？马克思曾经对社会科学的意义作过以下含蓄的表述。“如果事物的表现形式和事物的本质会直接合而为一，一切科学就都成为多余的了。”[②] 或者，如下换一种说法，“我们关于一切表现形式和隐藏在它们背后的基础所说的话，也是适用的。前者是直接地、自发地、作为流行的思维形式再现出来的，而后者只有科学才能揭示出来”。[③]

如果把日常思考形态的不断再生产定义为常识，对它的批判亦可称为科学。科学是揭露潜藏在事物背后的本质的方法。引导人们获取常识所无法触及的对于本质的认识，这就是社会科学的目的。在常识的世界里安住，并想在那里终老的人，社会科学这一知性活动是基本没有意义的。

另外一个问题，是为现象与本质牵线搭桥的方法。通过什么样的程序才能走完从现象到本质这一过程？马克思这样说过，为世人所共知：“分析经济形式，既不能用显微镜，也不能用化学试剂。二者都必须用抽象力来代替。”[④]

在自然科学中，为暴露被隐藏的自然法则，我们可能会用“显微镜”或“化学试剂”等物质装置，且这种物质装置的应用所占的比重较大。对此，在社会科学研究中，其研究手段和自然科学相比微不足道，作为研究手段来说其只能起到一点作用。我们所依赖的

---

① 戸坂潤「科学論」、『戸坂潤全集』第1巻、勁草書房、1966、132頁。

② 《资本论》第3卷，人民出版社，2004年，第925页。

③ 《资本论》第1卷，人民出版社，2004年，第621～622页。

④ 《资本论》第1卷，人民出版社，2004年，第8页。

是每个人大脑中存在的抽象想象力。将现实加以分析、整理，反映现实的概念装置完全依赖于个人的抽象想象力，只有通过个人的抽象想象力我们才可能寻找出隐藏在社会现象背后的本质。“研究必须充分地占有材料，分析它的各种发展形式，探寻这些形式的内在联系。”① 这也指导我们发挥抽象想象力去寻找概念。

在社会科学的研究中“阶级”正是通过上述程序（方法）而获得（或者应当获得）的概念，本书追求的正是这样的社会科学方面的阶级概念。

笔者一直以来怀着这样的问题意识，即致力于复活阶级概念的研究活动。本书就是在探讨源流、探求知识的过程中而成熟的报告书。

马克思的主张作为古典阶级论的巅峰这一事实不言而喻。但是，到目前为止，有关马克思阶级论的整体构架完全处于一种未研究的状态。而且，在连它的框架甚至内容也不清楚的情况下，各种各样恣意的解释到处横行，只凭自己随意的印象，对（马克思的阶级论）思想的误解、批判、曲解、想象都大笔一挥地肆意独行，至少日本是这种状态。现代的阶级说教常常丧失了古典阶级论的丰富内涵，有向机械的、表面的、主观的议论暴走的倾向。或者，那些敢于对阶级概念不问青红皂白地否定和擅自下结论而不知羞愧的说教，也许就是由于这个原因。笔者在本书中最想强调的是，马克思的阶级概念作为社会科学方法的概念，以蕴含丰富的内容而值得夸赞，缺少了这种认识，今后马克思主义学问的发展就会出现危机。使人类共通的世界遗产——马克思的阶级论——在现代复活，这就是我的愿望。

非常感谢将本书介绍给中国读者的中国社会科学院的宋丽丹女

---

① 《资本论》第1卷，人民出版社，2004年，第21页。

士和担任本书中文翻译的李晓魁博士，他们在企划阶段就给予笔者极大的帮助。假如没有具有专门知识的二位的帮助，本书不可能出版。还有很多在此没能一一列举姓名的中国同僚和友人，他们在对笔者的研究提供了极大协助的同时，还对笔者的教学活动给予配合，直接或间接地支持本书的出版，在此再一次表示衷心的感谢。

清华大学教授 一桥大学名誉教授　渡边雅男

2015 年 5 月

译者序

本书是将渡边雅男（Watanabe Masao）教授于1996年在一桥大学年报（Hitotsubashi University Research Series. *Social Sciences*, 35, 1996, pp. 3－138）发表的“マルクスにおける階級の概念”（The Concept of Class in the Writings of Karl Marx）论文和另外两篇论文“初期ローレンツ? フォン? シュタインの階級社会論”（The Concept of Class Society in the Theory of Lorenz von Stein）[①] 与“The Future of History and the Middle Class: A Discussion with Francis Fukuyama”[②] 整理而成。

正如自序中所述，本书是渡边教授作为社会科学研究者在仔细研读马克思的全部著作之后，对马克思的阶级理论作出的全面而深入的阐释，它不但有对历史事实的揭露，而且还有对现实状况的分析。阶级是特殊种类的集团概念。虽说如此，对阶级概念的认知并不会积极地自动进行。作为社会科学的概念，“阶级”依然背负着各种各样的误解。所以想要排除这一个个误解，有必要澄清阶级概念的社会科学意义。为此，无非只有去确认人们所说的近代阶级是如何存在的。在这种情况下，以马克思的阶级概念作为线索来讨论这

---

① Watanabe Masao, *Hitotsubashi Journal of Social Sciences*, Dec. 5 (3), 1980, pp. 62－76.

② Watanabe Masao, *International Critical Thought*, 2014, Vol. 4 (1), pp. 67－73.

一问题具有极为重要的意义。由于本书的内容最初诞生于日本，因此若想深刻理解本书中在社会科学方面的阶级概念，有必要回顾渡边教授关于日本学界对于马克思社会阶级概念之误解的讨论。

渡边教授曾经在『階級！社会認識の概念装置』① 一书中指出，现代日本学界对于阶级概念有五种错误的理解，下面将依次探讨。

把阶级概念理解为等级（身份）

第一种误解产生于把阶级视同为等级的理论。这是一种朴素的观点，但却是根深蒂固的误解。特别是当人们指出英国“阶级社会”的刻板印象，或是强调战前日本以等级为基础的半封建的“阶级社会”，并将其与战后近代化民主化的“开放的”日本进行鲜明对比的时候，上述误解往往最能发挥作用。此时，人们嘴上谈论着“阶级社会”，而实际设想的却是等级社会的图景。所以，现实离等级社会的状况越远，人们就越容易相信，阶级概念在现代已经过时了。

要反驳这种基于直觉的理论，首先最重要的是明确近代的阶级与前近代的等级的区别，换言之，就是要明确阶级在近代的独特性。阶级有前近代的和近代的存在方式。在社会编年史使用近代理论的情况下，阶级的存在方式也是近代的。青年马克思和恩格斯在其共同著作《德意志意识形态》（1845～1846 年）中对此进行了批判。基于这种批判，可以将阶级存在的近代特征和形成这种特征的社会条件归纳为以下三点。第一，在近代，人格的个人和阶级的个人相区别乃至相分离，这是必然的。反而言之，在近代以前，两者一般是一致甚至是结合在一起的。第二，人格的个人和阶级的个人是否

① 渡边雅男『階級！社会認識の概念装置』、彩流社、2004 年。

结合，在近代取决于偶然因素，而在前近代，两者的结合是与生俱来的命运。第三，这种人格的个人和阶级的个人的必然性区别和偶然性结合，全部是在自由的假象下进行的。因此，虽然站在近代的立场上看来，前近代的社会是不自由的，但这归根结底只不过是因为近代的人们是从上述自由的假象出发来理解过去的社会而已。

下面我们进行更详细的分析。

第一点和第二点实际上是表里一体的。我们可以从社会分工在质与量方面的发展来解释近代个人的人格分裂成两个的倾向。社会分工的发展影响社会结构，使社会本身独立起来。于是，由于不可避免的历史和社会各种关系的独立，每一个人的个人生活（人格的个人）和被纳入分工中的生活（阶级的个人）之间的区别（分裂）日益明显。从个人的立场来看，这种分裂是个人为确保自身生活条件而必须忍受的外在条件。而此时，个人能否确保自身生活条件，虽然与其利用什么条件、能否在社会分工的大网中占据一席之地有关，但是，近代的原则是，职业的选择、地位的实现等这些结果，即是否被纳入社会分工的体系，并不是一出生便被决定的命运，而从根本上是在个人自由的经济社会活动之后被决定的。这是一种在社会分工之下，人格的个人和阶级的个人分裂，以及在偶然的情况下二者再次结合的近代社会的原理。而前近代的社会原理是，不经过上述手段，个人的社会性被直接确定。这两种原理形成强烈对比。关于这一点，《德意志意识形态》有如下论述。在前近代的等级制社会，“例如，贵族总是贵族，roturier〔平民〕总是 roturier，不管他们其他的生活条件如何；这是一种与他们的个性不可分割的品质。有个性的个人与阶级的个人的差别，个人生活条件的偶然性，只是随着那个自身是资产阶级产物的阶级的出现才出现的。只有个人相互之间的竞争和斗争才产生和发展了这种偶然性。因此，在资产阶级的统治下个人似乎要比先前更自由些，因为他们的生活条件对他们说来是偶然的；然而事实上，他们当然更不自由，因为他们更加受到物的力量的统治”。①

简要说来，一方面，等级是“与他们的个性不可分割的品质”，即，在一切由等级决定的社会中，人格的个人和等级的个人是牢固相连的。对个人而言，生活条件并非偶然，而是必然的，是由命运决定的条件。而与此相反，近代阶级社会的特征是“有个性的个人与阶级的个人的差别，个人生活条件的偶然性”。

在此偶然性的背后，另一重要社会原理隐约可见，它正是近代阶级原理的基础。这个社会原理就是个人通过竞争获取生活条件。在竞争中，谁胜谁负，谁获得有利条件以保证有利的生活，谁得到不利条件而忍受不利的生活，其结果是偶然的。在这里可以试想一下入学考试的竞争。能够考上大学的合格者人数是预先确定的。对考生个人来说，他们被提出合格条件，需要自身满足这些条件。在这些条件下，个人充分运用条件，不断努力，反复进行应试学习，以便最大限度地掌握从而把偶然性转化为盖然性（指有可能但又不是必然的性质）或必然性。这样有可能会提高合格的可能性。然而，应试毕竟是竞争，无论怎样提高盖然性，最后的结果不到发榜之时是不得而知的。合格者是自我还是他人，对自我来说是偶然的。或者还可以试想一下入学考试后的就职活动。个人可以自由地选择自我实现的机会（具有讽刺意义的是，这只不过是个人作为劳动力商品的自我实现），这是标榜自由竞争的劳动市场上的一大原则。然而，完全没有学生相信这一原则。对他（她）来说，是否能够抓住机会，是偶然的，被录用与否的最终决定权掌握在别人而非自己手中。

正如马克思所说：“只有个人相互之间的竞争和斗争才产生和发

---

① 《马克思恩格斯全集》第3卷，人民出版社，1960年，第86页。

展了这种偶然性本身。"[①] 生活条件的偶然性作为近代阶级的特征，实际上却正是这种竞争和斗争的不可避免的产物。

这种"有个性的个人与偶然的个人之间的差别，不仅是逻辑的差别，而且是历史的事实"[②]，也就是说，近代阶级的诞生意味着社会构造的历史性转换。

在各种社会关系不可避免地成为独立因素的历史的进程中，每一个人的个人生活（人格的个人）和被纳入分工中的生活（阶级的个人）之间的区别（分裂）日益明显，然而，"这不应当理解为，似乎像食利者和资本家等等已不再是有个性的人了，而应当理解为，他们的个性是受非常具体的阶级关系所制约和决定的，上述差别只是在他们与另一阶级的对立中才出现的，而对他们本身说来只是在他们破产之后才产生的"。[③]

马克思在《资本论》序言中再次陈述了《德意志意识形态》一文中论述的阶级、人格以及二者之间的关系，也就是说，我们所说的"资本家和地主的面貌"（或"劳动者"）是经济范畴的人格化，是一定的阶级关系和利益的承担者。[④] 用《德意志意识形态》中的话来说就是，"这不应当理解为，似乎像食利者和资本家等等已不再是有个性的人了，而应当理解为，他们的个性是受非常具体的阶级关系所制约和决定的"。

关于第三点，表面上，自由的意识形态和阶级社会的现实似乎是互相矛盾的关系，而实际上，二者是相互依存的。因为，在这里人们所意识到的"自由"，不过是生活条件的偶然性而已，人们把生活条件的偶然性当成了对个人人格而言的"自由"。《德意志意识形

① 《马克思恩格斯全集》第3卷，人民出版社，1960年，第86页。

② 《马克思恩格斯全集》第3卷，人民出版社，1960年，第79～80页。

③ 《马克思恩格斯全集》第3卷，人民出版社，1960年，第86页。

④ 《资本论》第1卷，人民出版社，2004年，第10页。

态》一文点明了这一点。“个人的自由发展和运动的条件……在从前是受偶然性支配的，并且是作为某种独立的东西同各个个人对立的……在这些条件下，个人然后有可能利用偶然性为自己服务，这种在一定条件下无阻碍地享用偶然性的权利，迄今一直称为个人自由。而这些生存条件当然只是现存的生产力和交往形式。”①

另外，“货币使任何交往形式和交往本身成为对个人来说是某种偶然的东西”。②

这种“自由”对作为阶级社会的近代社会来说是普遍的原理。所以，不管是哪个阶级的个人，都坚定不移地相信自己是自由的。近代阶级社会被认为是“自由”社会的理由就在于此。当然，这种自由归根结底只是假象，不过是把上述偶然性误作“自由”的幻想而已。正因为此，“在资产阶级的统治下个人似乎要比先前更自由些，因为他们的生活条件对他们说来是偶然的”③。

假象也好，幻想也罢，近代阶级就是在这种自由之上建立的。但是，就自由的内容而言，这种普遍性就很可疑了，因为对不同的阶级来说，自由的内容并不相同。

对雇佣劳动者阶级而言，自由是“具有双重意义的自由”。《资本论》中有一段著名的论述：“这里所说的自由，具有双重意义：一方面，工人是自由人，能够把自己的劳动力当作自己的商品来支配，另一方面，他没有别的商品可以出卖，自由得一无所有，没有任何实现自己的劳动力所必需的东西。”④

由此看来，对资本家（有产者）而言，自由也具有双重意义。首先，作为劳动力购买者的自由。“自由！因为商品例如劳动力的买

① 《马克思恩格斯全集》第3卷，人民出版社，1960年，第85页。

② 《马克思恩格斯全集》第3卷，人民出版社，1960年，第74页。

③ 《马克思恩格斯全集》第3卷，人民出版社，1960年，第86页。

④ 《资本论》第1卷，人民出版社，2004年，第197页。

者和卖者，只取决于自己的自由意志。”① 如果没有雇佣他人劳动力的自由，对资本家来说自由就毫无意义。其次，能够自由处置所购买劳动力的自由。所有者如何处置其所有物是其的自由，而且是必需的自由。所有制对于有产者来说就是自由。这正是与无产者的“自由”有着根本区别的地方。这种意义上的自由，对无产者而言，是“脱离一切的自由”，而对有产者而言，是“支配一切的自由”。

至此，把近代的阶级误解为近代以前的等级这种观点的错误所在已十分明显。贯穿现代社会的原理（否定等级世袭制、基于能力的竞争、自由的意识形态），正是近代阶级形成的原理。

对阶级概念的经济一元论理解

第二种误解，是把近代阶级仅仅视同为经济上的阶级。这种观点在一开始就丧失了将阶级作为政治存在和文化存在的视角，先入为主地认为阶级原本不过是经济上的规定而已。令人意外的是，这种误解在社会科学家中根深蒂固。特别是，如果我们以此一元论的阶级观为前提展开论述，那么很显然，无论是政治上的支配还是文化上的霸权，我们都不可能简单归咎于经济上的阶级。另外，在现代日本的社会科学研究中，政治、文化等各领域已长期不结合阶级论进行研究。只要这种现状继续维持，人们就会轻易相信，阶级的概念已经过时了。如果认为阶级仅仅是经济上的规定，那么在政治和文化等现实问题中采取阶级的视角本身就是不可能的。

为避免陷入这种误解，有必要对近代阶级的综合特性，换言之，对阶级的经济、政治、文化等特性进行总体性和相互关联的把握。

让我们以私人利益和公共利益的分离，以及造成这种分离的社

① 《资本论》第1卷，人民出版社，2004年，第204页。

会分工为出发点进行探讨。《德意志意识形态》一文对此作了如下论述。

“分工包含着所有这些矛盾，而且又是以家庭中自然产生的分工和社会分裂为单独的、互相对立的家庭这一点为基础的。与这种分工同时出现的还有分配，而且是劳动及其产品的不平等的分配（无论在数量上或质量上）；因而也产生了所有制”，[①] 此外，“随着分工的发展也产生了个人利益或单个家庭的利益与所有互相交往的人们的共同利益之间的矛盾；同时，这种共同的利益不是仅仅作为一种‘普遍的东西’存在于观念之中……正是由于私人利益和公共利益之间的这种矛盾，公共利益才以国家的姿态而采取一种和实际利益（不论是单个的还是共同的）脱离的独立形式，也就是说采取一种虚幻的共同体的形式。然而这始终是在每一个家庭或部落集团中现有的骨肉联系、语言联系、较大规模的分工联系以及其他利害关系的现实基础上，特别是在……各阶级利益的基础上发生的。这些阶级既然已经由于分工而分离开来，就在每一个这样的人群中分离开来，其中一个阶级统治着其他一切阶级”。[②]

阶级是在伴随着“不平等的分配（无论在数量上或质量上）”的分工体制的基础上产生的。这是作为经济存在的阶级的起源。不平等的分配是所有制的性质造成的结果之一。本来，分配并不是由所有制决定，即使在分配中出现了不平等的现象（也许只是暂时的），而所有制却把这种不平等常态化，将其稳固和确定下来。因此，阶级作为经济存在，其依据的根本原理是所有制。

在这种不平等的分配体制中，利益便发生了分裂。同时，产生了“这些阶级……在每一个这样的人群中分离开来，其中一个阶级统治着

① 《马克思恩格斯全集》第3卷，人民出版社，1960年，第36页。
② 《马克思恩格斯全集》第3卷，人民出版社，1960年，第37~38页。

其他一切阶级”的基础。对统治阶级来说，如何使自身的阶级私利成为全体利益的代表，这是他们面对的问题。如果不能把阶级私利打造成全体利益，他们就无法鼓吹其统治的正当性。这就是阶级作为政治存在的理论根据。如果说阶级作为经济存在的根本原理是实现以阶级私利为目标的所有制，那么阶级作为政治存在的根本原理则是统治的全体性乃至普遍性。精英政治的作用就是把某一阶级的政治私利鼓吹为普遍的政治利益，给自身在政治上的统治赋予正当性。

那么，阶级作为文化存在是怎样的呢？在《德意志意识形态》中有如下相关论述。

> 统治阶级的思想在每一时代都是占统治地位的思想。这就是说，一个阶级是社会上占统治地位的物质力量，同时也是社会上占统治地位的精神力量。支配着物质生产资料的阶级，同时也支配着精神生产的资料，因此，那些没有精神生产资料的人的思想，一般地是受统治阶级支配的。①

在文化上处于统治地位的阶级和处于其影响力之下的阶级之间存在分裂。我们有必要探讨这种分裂产生的原因。

占据物质生产资料的阶级也能够自由支配精神生产资料。不能支配物质生产资料的阶级也就无法支配精神生产资料。前者的文化和思想占据统治地位，而后者的文化和思想则沦为前者的从属。当然，事情绝非这么简单。占有物质生产手段的阶级为了使自身的文化和思想在文化领域也占据统治地位，不断展开和扩大文化斗争，并必须获取胜利。在这里，文化本身就带上了浓厚的政治性和意识形态性的色彩，这同时也表明，文化战略与政治战略、经济战略是

① 《马克思恩格斯全集》第3卷，人民出版社，1960年，第52页。

不同的。但是，过去英国称霸世界海洋之时，英式英语和英国文化也影响着全球文化，以此类推，如今在世界舞台上领导全球物质生产的是美国，于是美式英语和美国文化正在世界文化中大行其道，这是尽人皆知的现象。由此看来，经济、政治领域的支配者在文化领域也会发挥压倒性的作用，这确实是不容否定的事实。

于是，文化精英们敏锐地感受到这一点，这正是他们的精英之处。“我们……已经说明分工是先前历史的主要力量之一，现在，分工也以精神劳动和物质劳动的分工的形式出现在统治阶级中间，因为在这个阶级内部，一部分人是作为该阶级的思想家而出现的（他们是这一阶级的积极的、有概括能力的思想家，他们把编造这一阶级关于自身的幻想当作谋生的主要泉源），而另一些人对于这些思想和幻想则采取比较消极的态度，他们准备接受这些思想和幻想，因为实际上该阶级的这些代表才是它的积极成员，所以他们很少有时间来编造关于自身的幻想和思想。”①

他们的目的，是把特定阶级的利益鼓吹为社会全体的利益，并运用文化手段赋予其特殊利益普遍性。精英文化的作用就是让某种特殊的文化特征具有普遍性，并以此确定某种特定文化的霸权地位。

如此，在整体基本一致的基础上，经济、政治和文化方面都处于统治地位的阶级在上述领域都分别争取着其阶级利益。这体现了经济、政治和文化的相互联系。经济上的统治阶级不仅是政治上的统治阶级，同时还是文化上的统治阶级。由此，统治阶级分别开展在文化、政治、经济等领域的活动。

把阶级理解为“铁板一块”的存在

第三种误解，是把阶级当成“铁板一块”。这也是在学术专著中

---

① 《马克思恩格斯全集》第3卷，人民出版社，1960年，第53页。

时常出现的一种观点。根据其熟练程度，工人阶级被分为不同阶层，所以实际上并不是紧密团结的。而在资产阶级方面，随着产权和管理（统治）权逐渐分离，经营者和股东分开，其作为阶级也已解体。有人认为，在资产阶级和工人阶级之间出现了“新中产阶级”，两大阶级对立的理论已经过时了。这种观点往往被人接受。由于该观点所设想的现象确实有一定的根据，所以如果认为阶级是“铁板一块”的话，人们就会越发觉得阶级论已经没有市场了。

为了避免陷入这种误解，有必要认真研读关于马克思阶级论的原著，以便了解阶级其实远不是那么简单。本书第二章将对此进行详细论述。

对阶级概念的武断理解

并非只有阶级才具有产生不平等和差距的集团属性。性别、宗教、民族、人种等，几乎所有属性都有可能成为差距、层次和差别的基础或证据。所以，如果认为阶级是造成不平等的唯一的社会属性，这是对阶级概念的武断理解。另外，如果为了反对上述观点，而忽视阶级概念的话，这种对误解的反驳方法也是武断的。两种观点均不可取。

关于在社会属性基础上产生的各种不平等，实际上，阶级的不平等不过是广泛存在于全社会的差别和不平等中很小的一部分。在阶级以外，还存在性别造成的不平等、民族造成的不平等，如此种种，遍布社会各个角落。但是，阶级的不平等比其他任何不平等都更加普遍，更加具有结构性和体制性。因为阶级有着将不平等强化的有力合理性或者说正当性。阶级原本与近代社会的能力主义、自由竞争、开放性等特点并不矛盾，可以共同实现，这是阶级区别于等级或种姓（caste）制度等的特征。等级或种姓制度等本身是封闭的原理，是以排他性的理念为前提而形成的集团性的规定。而能力主义和自由竞争则让等级社会和种姓制度从理论上丧失了成立的基础，这就可以说明等级或种姓制度与近代社会的原理是不相适应的。正因为前近代的原理产生了不平等和差别，所以要求对其进行纠正是近代社会天经地义的立场。等级的不平等、种姓制度带来的差别、宗教信仰、性别和民族背景产生的差别和不平等，是与近代社会公民性原理（T. H. 马歇尔）相悖的。这是因为上述等级不平等是“封闭性的”阶级社会具有的特点。而与此相反，开放的近代社会的原理恰恰是阶级的不平等。正是能力主义、自由竞争、开放性等公民社会的原理，使得阶级社会的秩序得到不断复制。近代社会同时包含着阶级社会的原理和公民性的原理，具有双重性。所以，站在近代社会的立场上，当然会拥护这种“开放的”阶级社会。在政治、法律、社会领域，平等得以推行，公民社会得以完全实现，然而阶级的不平等却是唯一残留的不平等。所以，同样是不平等，阶级的不平等与其他的不平等却有着根本的区别。而针对阶级理论的武断理解（以及其反驳意见）则无法意识到这样的区别。

对阶级概念的宿命论理解

第五个也是最后一个误解，是隔断阶级的历史渊源，将其作为宿命性存在的倾向。不论是将阶级对立视为“应该克服的坏事”，对现状进行朴素的否定，还是将阶级对立视为“不可避免的宿命”，对现状进行朴素的肯定，二者都不是从社会科学角度对阶级的正确理解，两种看法不过是半斤八两而已。面对阶级对立这一复杂的历史现实，人们未能冷静地研究问题，有人对阶级对立进行道德上的批判，还有人只是无可奈何，一声叹息。这种误解产生的原因是对阶级的历史性和必然性缺乏认识。在这里，首先需要看到阶级对立在历史进程中发挥的积极作用。换句话说，要正确认识敌对与进步的关系，最重要的是要深入考虑阶级对立和生产力发展的关系。

《哲学的贫困》中的一段话很有启发性。“没有对抗就没有进步。这是文明直到今天所遵循的规律。到目前为止，生产力就是由于这种阶级对抗的规律而发展起来的。如果硬说由于所有劳动者的一切需要都已满足，所以人们才能创造更高级的产品和从事更复杂的生产，那就是撇开阶级对抗，颠倒整个历史的发展过程。不然也可以这样说：因为在罗马皇帝时代曾有人在人造的池子里喂养鳗鱼，所以说全体罗马居民的食物是充裕的。然而实际情况完全相反，当时罗马人民连必要的粮食也买不起，而罗马的贵族却并不缺少充当鳗鱼饲料的奴隶。”①

这段论述值得注意。正因为阶级对立，社会进步（生产力发展）才得以实现（这只是指共产主义或社会主义之前的社会，随着资本主义进入腐朽的帝国主义时代，这种对立已经严重地阻碍了生产力的发展，到了只有消除这种对立，才能有进步或有大进步的时代）。这不是嘲讽，也不是冷笑，而是冷静的观察。一般人往往质朴地信奉“社会进步是怀着进步希望的人们通力合作，共同构筑的”这类社会常识，而马克思的论述对这种常识而言确实具有冲击性。《哲学的贫困》中还有如下论述：“然而这些条件（建立在阶级对抗上的一切东西。——译者注）恰恰也是发展生产力和增加劳动的剩余的必要条件。因此，要获得这种生产力的发展和这种劳动剩余，就必需有阶级存在，其中一些阶级日益富裕，另一些则死于贫困。”②

《资本论》从人类历史发展的角度再次阐述了这种观点。“在这个直接处于人类社会实行自觉改造以前的历史时期，人类本身的发

① 《马克思恩格斯全集》第4卷，人民出版社，1958年，第104页。

② 《马克思恩格斯全集》第4卷，人民出版社，1958年，第135页。

展实际上只是通过极大地浪费个人发展的办法来保证和实现的。”①

为实现“人类本身的发展”即生产力的发展，实际上，独占了生产力发展成果的阶级和被排除在成果之外的阶级形成对立，而后者的个人发展则只能被“极大地浪费”。这就是冷酷的历史现实。生产力的发展不是有意识有目的地产生的，而是阶级对立中无意识的结果。所以，问题的核心就在这里。在迄今为止的人类历史进程中，阶级对立并非手段，而只作为杠杆推动并实现生产力的发展。在未来我们也不太可能直接面对阶级对立。而这就是阶级对立的历史必然性。同时，废除阶级的可能性也取决于这一点。如何在不以阶级对立为手段或媒介的情况下实现生产力的发展？如何在不以对立和差别作为杠杆的情况下激发社会的活力？在这个问题解决之前，马克思所说的废除阶级的可能性以及无产阶级专政的必然性都无法实现。

马克思就殖民地解放所需要的一般条件作了下面的论述，同时，进一步阐述了他就解决这个问题的考虑。“英国资产阶级看来将被迫在印度实行的一切，既不会给人民群众带来自由，也不会根本改善他们的社会状况，因为这两者都不仅仅决定于生产力的发展，而且还决定于生产力是否归人民所有。”②

如果找不到“生产力归人民所有”的方法，在此基础上进行的废除阶级的一切尝试，都只会造成生产力发展的停滞、衰退、崩溃等悲惨的结果，这是不言自明的事实。不以阶级对立为手段，如何才能实现生产力的发展，这是在阶级关系已经成熟的今天，时代与历史向我们提出的问题。在人类史上过去曾数次提出过这个问题。怎样才能让技术和生产力为人民所有呢？在当前我们能做的只是提

① 《资本论》第3卷，人民出版社，2004年，第103页。

② 《马克思恩格斯全集》第9卷，人民出版社，1961年，第250页。

出这个问题而已。急于寻求答案未必是明智的做法。寻求万能答案的历史尝试也全部以失败告终。当然，并不是说这个问题本身没有意义。如果详细研究历史的话，人们能够直接意识到“生产力的发达”或者说“驾驭技术”这些概念本身，就已是一大历史性进步。提出问题这一历史行为本身就是解决问题的重要一步。即使是历史上的尝试全部都失败了，我们从中还是可以吸取历史教训，而这正是今后人类历史上的课题，因为未来该问题还会以新的形态出现。只要人类的解放还未实现，解放的努力就不会断绝。这是朝向最终目标的漫漫长旅中的一幕。这是人类历史的“弯路”，人类社会的“弯路”。从这里开始，阶级社会中最重要的问题摆在我们面前：如何不经过阶级对立的“弯路”而实现生产力的发展？一旦人类解决了这一问题，消灭阶级就指日可待，阶级论便可从一开始就被克服。而在此之前，阶级社会和阶级论依然不可避免地有其存在意义。

本书除“问题的提出”和“小结”之外，总共由五章组成。

第一章中，以社会阶级为问题点，对“阶级”这一概念在社会科学领域中的意义进行了阐述。渡边教授首先将“阶级”这一概念归结于“社会阶级”，进而强调了马克思的阶级概念之科学作用在于发现和认识事物内在的本质，并非为政治性煽动服务。此外，从《资本论》初版序言中可以看出，马克思的阶级论中蕴含的别具一格的视点，在于将社会中的个人视为各种关系的结果。马克思所主张的“不能要个人对这些关系负责”① 这一结论，也是基于此视点。有关阶级形成，则可以通过马克思提出的职业与阶级的区别，探讨导致阶级形成的关键因素以及阶级类别区分中的各类问题。同时，对于阶级社会分化与其他社会分化间的联系，则从性别、民族与宗

① 《资本论》第1卷，人民出版社，2004年，第10页。

教以及人种三方面加以讨论。有关阶级存在的形态，本书在阐明“自在阶级”与“自为阶级”的形成，以及区别了政治阶级与经济阶级之后，就阶级流动、能力主义、学历主义与阶级统治的关系进行了概括性说明。在本章的最后，渡边教授就迄今为止对于马克思所主张的“科学”的阶级性的误解进行解释的同时，还强调了马克思阶级概念的最大独立性在于他所主张的“阶级消亡”。

如果说第一章是对马克思所主张的“阶级”这一概念在社会科学领域中的意义作出的理论性的总体概括，那么第二章到第五章则是将这一概念还原到现实中来，结合社会现实对马克思阶级论之内容的具体考察。首先，渡边教授在第二章“社会阶级分类”中，依次探讨了上流阶级、中间阶级以及下层阶级。有关上流阶级主要针对贵族展开讨论，对贵族作为掠夺者、统治者、寄生者、没落者的特征以及在现实社会中的表现进行了说明。有关中间阶级则主要以资产阶级为中心，主要内容涉及中间阶级的分化，大资本家阶级与资本家阶级的形成，以及资产阶级在政治、经济、文化等领域的作用等。而下层阶级则是指无产阶级，其中主要的考察对象为工人阶级。论述的主要内容包括：工人阶级中包含的各种阶层；工人阶级因为竞争而产生的对立以及连带关系；经济景气期和经济危机期工人阶级的生活差距等。

渡边教授在第二章中针对阶级的多重性进行详细的论述之后，在第三章中则主要通过阶级斗争来考察阶级社会的动态性。阶级斗争中第一种表现形式是在议会之外围绕经济霸权展开的直接斗争，其中包括罢工和群众运动。而另一种表现形式则是在议会之内围绕政治统治权展开的内部斗争。当然，马克思不仅仅着眼于当下，他对历史上的阶级斗争亦有所研究。例如，古代罗马阶级斗争中的债务关系；西班牙资产阶级革命中东方式专制制度的弊端；英国资产阶级革命中阶级斗争的保守性等。

第四章则以马克思的国家理论为主要内容进行论述。马克思认为国家权力不可能创造出社会权力，只能去维持社会创造出的所有权关系。同理，法律与现实秩序也是此等关系。法律是将既定现实“固定化”进而“神圣化”的手段，而由于法律所承认的现实秩序处于社会统治层利益的影响之下，因此法律始终处于阶级利益的框架中。由此可知，官僚是在权力执行中被催生的产物，而并非官僚催生了权力膨胀。除上述内容之外，渡边教授还在此章中言及马克思所论证的官僚、公共事业、税制、中央集权、暴力与国家机关的关系，强调了“国家只能是阶级国家”这一结论，说明了国家废除的可能性。

第五章作为本书的最后一章，以马克思的殖民地统治论为主线，强调了殖民地统治与阶级统治的一致性。通过总结马克思对于自由贸易和殖民地统治间关系的论证，不难看出殖民地统治机构的变化与本国统治阶级势力的变化有着密切的联系。同时以英国对印度的管理为例可以知道，殖民地统治之所以得以实现，其首要条件在于殖民地内部存在的各种对立关系，第二条件在于完备的统治机构，而统治机构得以成立的原理又在于官僚制和暴力统治的存在。另外必须认识到的是，殖民地统治也促进了殖民地的基础建设，为民族解放创造了客观条件。

本书以马克思的阶级论为轴心而展开讨论。渡边教授在马克思的全部著作中，除涉猎《哲学的贫困》《共产党宣言》《德意志意识形态》《资本论》等重要著作之外，还引用了马克思一生中所著的大量的时论，内容十分丰富，这使得马克思的阶级论之整体构造首次得到展现。补论的《洛伦兹·冯·施泰因初期的阶级社会论》可以说是对阶级论流源的探访，从阶级的视点对马克思与施泰因二者的理论关联进行了深度论述。《“历史的未来”与中间阶级：与弗朗西斯·福山的讨论》可以说是现代阶级论者对阶级概念误解的实证。所以对于从社会科学的观点来理解阶级的概念而言，本书的学术价值不言而喻。

如前所述，在日本有的人将阶级的概念与前近代“等级”（身份）的概念混为一谈，有的人将阶级说成经济的一元论，还有人将阶级断言成马克思主义的专卖特许，他们在各种各样的无知与误解的基础上对阶级展开论述。在其中一些人常识性地认为，阶级是陈旧过时的概念、片面的概念、思想主义的概念，因而是不再需要的概念，并将其抛在脑后，认定阶级概念在现代无任何长处可用。但在日本经济泡沫破灭后，隐藏在日本人背后的阶级的影子渐渐呈现。阶级差别清晰地显露出来，阶级社会的面目重新被电视媒体广泛宣传。最终，人们才有了认真去探讨阶级概念的问题意识。可以说，利用有关阶级社会科学的概念去理解社会的本质、结构以及社会变动的意义，著者已通过对日本社会变化的观察，对其进行了科学的验证。

当然，在中国依然存在对阶级概念的误解，并且，像阶级这样被误解或无理解的场合随处可见。因为“阶级”一词在“文革”时期经常被使用，这使得一些读者对它早有了常识性认识，并对阶级这个词有着奇妙的感情。甚至如李强教授所说，对阶级一词“谈虎色变”[①]。在此情况下，以马克思的阶级概念为基础来考察这一问题，其意义不可推量。

最后，从渡边教授的讨论可以看出，通过将所有不平等的资源分配固定化（制度化）是阶级形成的根本原因。换言之，所有论和“社会资源”分配理论是讨论阶级论的基础，这里的社会资源即政治资源、经济资源、文化资源和下位的社会资源。但处在发展中的社会主义中国与发达资本主义国家日本的所有制与分配制有着本质区

① 李强『中国の社会階層と貧富の格差』、ハーベスト社、2004 年、第 92 頁。

别，这也就是说并不能简单地将日本的社会现象与中国的社会现实直接对号入座。

日本一桥大学特别研究员　李晓魁

2015 年 5 月

问题的提出

迄今为止，虽然关于马克思阶级概念有效性争论的著作堆积如山，但其中作为社会学批判至今仍保持着较高学术水平的，大概只有达伦多夫的《工业社会中的阶级和阶级冲突》[①]。这本著作针对被视为证明了马克思阶级论破绽的、过去历时一个世纪的工业社会的社会结构变化进行了如下概括：①所有与统治，或者资本的分解；②熟练与分层化，或者劳动的分解；③新中间阶级；④社会流动；⑤理论上及实际上的平等；⑥阶级斗争的制度化。日本某位完全继承了这一归纳的论者，进而对此添加了社会主义革命的必然性和社会主义革命后的阶级构造两项。[②] 那么，以上各项所指的是什么呢？第一，因股份公司的登场，所有与管理的分离一般化，资本家阶级分解为所有者（股东）与经营者；第二，继马克思之后，与他的劳动者阶级同质化的预想相反，产生了根据熟练度而区分的各种各样的阶层分化；第三，“新中间层（阶级）”渐渐兴起；第四，通过教育阶级流动实现一般化；第五，社会平等的进程否定了劳动者阶级

---

① Dahrendorf Ralf, *Class and Class Conflict in Industrial Society*, London : Routledge & Kegan Paul, 1959（富永健一訳『産業社会における階級および階級闘争』、ダイヤモンド社、1964）.

② 川井修治『マルクス主義階級理論と現代社会』、原書房、1986 年。

贫困化这一问题；第六，由于劳动组合得到法律承认，阶级斗争能够和平地进行；第七，马克思关于“社会主义革命的必然性”这一预言没有在先进国家中实现，却在发展中国家以“武装起义”这一“极其不像马克思主义者的手法”进行；第八，“在社会主义革命成功的国家出现了新阶级的现象”意味着“预言了社会主义革命后的阶级消亡”这一马克思论题的“完败”。

这些否定阶级的论据不失时机地被重复着，如今已然作为“常识”被印刻在人们脑海中了。当然，为此再追加新的论据也是可能的。比如，如果注意到性别、民族、宗教和人种这类概念的话，那么马克思一边倒的阶级论述则无法解决现代社会中由于性别、民族、宗教、种族而产生对立这一古往今来一直存在的问题。

为了鉴别这类批判的真伪，研究马克思的著述是必要的。无论是有意为之，还是因无知而导致的误会，基于曲解的批判大体上都不能成为学术批判。人们首先必须从客观地看待问题，正确地理解问题开始批判。

然而，马克思在其生涯中，遗留了众多的著书和庞大的时论。这些著述，与作为本课题的阶级概念的理论再构成来说，有着怎样的关系呢？为了回答这个问题，纵观划分马克思学术生涯的关注点，如果依照它的推移来整理归纳，可以得出如下结论。1848 年革命前的初期著作群（《哲学的贫困》《共产党宣言》），对于阶级的社会性哲学性阐释来说，提供其基础；伦敦逃亡期间的中期著作群（《雇佣劳动与资本》《政治经济学批判》《政治经济学大纲》《工资、价格和利润》《资本论》），对于阶级的经济学和理论上的解释来说则是线索；体验了巴黎公社的成立和败北后，他专注于在欧洲各国处理劳动党问题时的后期著作群（《路易・波拿巴的雾月十八日》《法兰西内战》《法兰西阶级斗争》《哥达纲领批判》），则成为对于阶级的具有政治性和现实性的动态分析的范本。

相较于著作，时论中涉及的各类问题群，对于阶级概念的研究而言，开拓了各自的问题领域。例如，“殖民地问题（爱尔兰、中国、印度）”解明殖民地统治与阶级统治的关联；“奴隶制问题（南北战争）”解明人种统治与阶级统治的关联；“民族问题（东方问题、波兰、意大利、匈牙利）”解明民族统治与阶级统治的关联；“英国的政治支配体制（包括曼彻斯特学派、死刑制度）”以及“英国的无产阶级（组合运动、罢工、宪章派）”，展示了分析发达资本主义社会中阶级统治的现实状态的实例。此外，“英国的经济形势（投机与恐慌、过剩人口、原始积累）”与“动产信用公司（股份公司）”，揭示了资本主义的发展趋势以及其中存在的阶级支配的状态。另外，“法国形势（波拿巴主义）”明确了阶级统治的特殊历史政治形态，“德国·普鲁士·奥地利形势”、“西班牙的资产阶级革命”，以及“俄国形势”，则展示了马克思在进行阶级分析时如何考察欧洲各国的阶级关系的成熟和发展状态以及从中产生的特殊性。

经过以上整理，不难看出我们在论证马克思的阶级概念时能够具体地发现若干个问题领域。

第一章
阶级概念的社会科学意义

对于马克思来说，阶级是有着怎样的社会科学意义的概念呢？此为本书所致力探讨的第一问题。

社会阶级的概念

“阶级”这一词，其最一般的用法，恐怕要属如年龄阶级、所得阶级这样的统计学用法。马克思自身实际上也存在诸如此类用法的实例。例如，“我们需要谈的只是工人阶级的男女儿童和少年。应该把他们分为三类，区别对待：第一类9—12岁，第二类13—15岁，第三类16—17岁”。①

当然，我们现在要探讨的阶级，并非这种为了技术处理而存在的阶级。应该被视为问题点的阶级，是指社会阶级，是指因阶级关系而产生的人口的社会现实分裂。马克思以下的记述，便是立足于此。“如果我，例如，抛开构成人口的阶级，人口就是一个抽象。如果我不知道这些阶级所依据的因素，如雇佣劳动、资本等等，阶级

① 《临时中央委员会就若干问题给代表的指示》，《马克思恩格斯全集》第21卷，人民出版社，2003年，第269页。

又是一句空话。”①

继此节之后，马克思就众所周知的社会科学方法论展开了阐述，但他将研究方法与叙述方法严加区别，一边从现实出发，一边将其从观念上重新掌握，这就是马克思独特的方法论。恐怕这一方法，在阶级论中亦可适用。即，如果将这“整体的一个混沌的表象”的阶级作为出发点，那么这是将作为人口的单纯分割的阶级视为问题点。根据马克思所说，将其“通过更切近的规定我就会在分析中达到越来越简单的概念”。之后，终于摸索到“这些阶级所依据的因素”，“于是行程又得从那里回过头来”，直到最终再次重归到阶级时，阶级作为“一个具有许多规定和关系的丰富的总体”展现在我们面前。② 社会阶级的概念，本来就蕴含了如此丰富的内容。

从人口到阶级这一范畴的展开，实际上是以横跨长期的历史过程为背景。“历史的进程并非是那样绝对的。德国为了实现城乡分离这第一次大分工，整整用了三个世纪。城乡关系一改变，整个社会也跟着改变。”③

阶级概念的科学性作用

阶级社会（历史）认识到底从何种意义上说是科学的呢?

对于马克思来说，所谓社会或历史的现实认识，终归是在从“政治表面”向“社会生活的深度”深入的过程中得以实现的。也就是说，发现了潜藏在“按照经济科学”的社会生活的底部的“某些事物”。各阶级的对立，无非就是潜藏在那里的一种现实。以下一文中，明确地表现了此点内容。“现代历史著述方面的一切真正进步，都是当

① 《导言》，《马克思恩格斯全集》第30卷，人民出版社，1995年，第41页。

② 《导言》，《马克思恩格斯全集》第30卷，人民出版社，1995年，第41页。

③ 《哲学的贫困》，《马克思恩格斯文集》第1卷，人民出版社，2009年，第618页。

历史学家从政治形式的外表深入到社会生活的深处时才取得的。……现在马志尼先生也不认为注意社会实际、注意不同阶级的利益、注意出口和进口、注意生活必需品的价格、房租以及诸如此类的庸俗东西有损自己的尊严了，……但愿马志尼不要就此止步，不屈服于虚伪的自尊心，而进一步按照经济科学来改造自己的全部政治纲领。”①

对马克思而言，所谓科学，就是意味着发掘出隐藏于此类现象背后的本质。比如当谈到“前者（‘一切表现形式’，即现象。——译者注）是直接地、自发地、作为流行的思维形式再现出来的，而后者（‘隐藏在他们背后的基础所说的话’，即本质。——译者注）只有科学才能揭示出来”②，再比如谈到“如果事物的表现形式和事物的本质会直接合而为一，一切科学就都成为多余的了”③ 时，马克思已经将现实世界中现象与本质的乖离一语道破。

“既然把看得见的、只是表面的运动归结为内部的现实的运动是一种科学工作”④，那么它是用何种方式得以进行的呢？答案则是抽象力，也就是说运用抽象力而实现的抽象这一活动。在《资本论》的初版序言中，有这样一段闻名的记述，“分析经济形式，既不能用显微镜，也不能用化学试剂。二者都必须用抽象力来代替”。⑤ 抽象所面对的对象就是现实（历史现实）。而被抽象的现实则表现为“范畴”。所以，初见具有科学性的作品，即使看似“范畴”的罗列一般，那也是将被抽象的现实进行观念再建造的结果。在表面观察中无法捕捉到的本质现实，以科学的手段被再建造，从而得以表现出来。马克思之所以批判蒲鲁东，也是由于这点。“蒲鲁东

① 《马志尼与拿破仑》，《马克思恩格斯全集》第12卷，人民出版社，1962年，第450～451页。

② 《资本论》第1卷，人民出版社，2004年，第621页。

③ 《资本论》第3卷，人民出版社，2004年，第925页。

④ 《资本论》第3卷，人民出版社，2004年，第348页。

⑤ 《资本论》第1卷，人民出版社，2004年，第8页。

先生更不了解，适应自己的物质生产水平而生产出社会关系的人，也生产出各种观念、范畴，即恰恰是这些社会关系的抽象的、观念的表现。”① 此外，“他没有看到：经济范畴只是这些现实关系的抽象，它们仅仅在这些关系存在的时候才是真实的”。②

所谓科学，无非便是通过这一系列的程序，不断探求事物的 why（为什么）和 wherefore（为了什么）的工作。

自不必说，阶级概念与构成此类科学程序的所有要素存在密切的联系。阶级利害的社会对立，代表了隐藏在政治对立这一“现象”背后的作为“本质”的原因，是要以“抽象”的手法从现实社会生活的底层发现的事物。作为“概念”的阶级，说到底是一个“范畴”，与其他的诸范畴重组，为催生更为丰富而真实的现实表象提供基本构成要素。阶级概念，并不是为了政治煽动而存在的党派专用词，而是为解明事物的“为什么”“为了什么”而存在的科学概念。

个人与阶级

如果说，把人口分割的是阶级，进而将阶级分割的是阶层，那么这种分割的进程，最终将以无法再继续进行分割的近代社会构成单位，即个人为终点。因此，阶级不再从人口的角度，而是有必要从个人的角度进行反观。

所谓阶级，即是现实人类（个人）的社会规定性。值得注目的是，在《资本论》初版序言中有这样一段话。“为了避免可能产生的误解，要说明一下。我决不用玫瑰色描绘资本家和地主的面貌。不过这里涉及

---

① 《马克思致帕维尔·瓦西里耶维奇·安年科夫》，《马克思恩格斯全集》第 47 卷，人民出版社，2004 年，第 447 页。

② 《马克思致帕维尔·瓦西里耶维奇·安年科夫》，《马克思恩格斯全集》第 47 卷，人民出版社，2004 年，第 444 页。

的人，只是经济范畴的人格化，是一定的阶级关系和利益的承担者。我的观点是把经济的社会形态的发展理解为一种自然史的过程。不管个人在主观上怎样超脱各种关系，他在社会意义上总是这些关系的产物。”①

从这个立场可以萌发出将社会个人视为诸类关系的结果这一别具一格的视点。换言之，资本家即“资本的人格化”②，工人即劳动的人格化，也就是说只能是“人格化的劳动时间”③ 这一立场。所以，有关“人格化的资本”的行径，马克思并没有对资本家个人的“善恶”意识抱有哪怕一丝的期待，这可以说是必然的。“在每次证券投机中，每个人都知道暴风雨总有一天会到来，但是每个人都希望暴风雨在自己发了大财并把钱藏好以后，落到邻人的头上。我死后哪怕洪水滔天！这就是每个资本家和每个资本家国家的口号。因此，资本是根本不关心工人的健康和寿命的，除非社会迫使它去关心。人们为体力和智力的衰退、夭折、过度劳动的折磨而愤愤不平，资本却回答说：既然这种痛苦会增加我们的快乐（利润），我们又何必为此苦恼呢？不过总的说来，这也并不取决于个别资本家的善意或恶意。自由竞争使资本主义生产的内在规律作为外在的强制规律对每个资本家起作用。”④

既然被人格化的经济学范畴可以被投射到现实社会中，那么，社会又是什么呢？那“是建立在阶级对抗上的社会关系。这不是个人和个人的关系，而是工人和资本家、农民和地主的关系。抹杀这些社会关系，那就是消灭整个社会”⑤。

此外，马克思还留有如下文一般更加直截了当的说法。“社会——不管其形式如何——是什么呢？是人们交互活动的产物。人

---

① 《资本论》第1卷，人民出版社，2004年，第10页。
② 《资本论》第1卷，人民出版社，2004年，第683页。
③ 《资本论》第1卷，人民出版社，2004年，第281页。
④ 《资本论》第1卷，人民出版社，2004年，第311~312页。
⑤ 《哲学的贫困》，《马克思恩格斯全集》第4卷，人民出版社，1958年，第135页。

们能否自由选择某一社会形式呢？决不能。在人们的生产力发展的一定状况下，就会有一定的交换［commerce］和消费形式。在生产、交换和消费发展的一定阶段上，就会有相应的社会制度、相应的家庭、等级或阶级组织，一句话，就会有相应的市民社会。有一定的市民社会，就会有不过是市民社会的正式表现的相应的政治国家。"①

将资本家和工人结为对立的阶级关系，这并非他们的责任。而是他们所身处的社会，是这个以各阶级的敌对关系为基础的社会的责任，也是历史的责任。马克思的"不能要个人对这些关系负责"②这一结论，所言正是此意。然而，无论是哪个时代，都有人对这一具有社会科学性的结论作出浅薄的批判。他们认为，重视"阶级"，是因为无视"人性"。当时向马克思加以这类非难的就是德国的作家卡尔·海因岑（Karl Peter Heinzen。——译者注）。

在至今还存在的这种庸俗论调面前，马克思用如下严厉的批判作出回击："单独的个人并不'总是'以他所从属的阶级为转移，这是很'可能的'；但是这个事实不足以影响阶级斗争，正如少数贵族转到 tiers état〔第三等级〕方面去不足以影响法国革命一样。而且就在这时，这些贵族至少也加入了一定的阶级，即革命阶级——资产阶级。"③

如海因岑这般只是在主观上克服"阶级对立"，"并且宣布自己是不偏不倚地超乎任何阶级斗争之上的"。④据此就认为"他们不代表真实的要求，而代表真理的要求，不代表无产者的利益，而代表

① 《马克思致帕维尔·瓦西里耶维奇·安年科夫》，《马克思恩格斯全集》第 47 卷，人民出版社，2004 年，第 440 页。

② 《资本论》第 1 卷，人民出版社，2004 年，第 10 页。

③ 《道德化的批评和批评化的道德》，《马克思恩格斯全集》第 4 卷，人民出版社，1958 年，第 344 页。

④ 《共产党宣言》，《马克思恩格斯文集》第 2 卷，人民出版社，2009 年，第 60 页。

人的本质的利益，即一般人的利益”[①]，这便是此类非议的惯用手法。然而，这难道不是恰好证明了“这种人不属于任何阶级，根本不存在于现实界，而只存在于云雾弥漫的哲学幻想的太空”[②] 这一道理吗？马克思是如是说的。想要看透现实，必须去寻找形成对立的原因。

阶级关系的依据

如果说阶级主体的设定是作为被人格化的经济学范畴的工人或者资本家，那么他们被认定为阶级主体的依据在哪儿？换言之，是什么原因导致了阶级的形成？

在《资本论》第3卷第52章中，马克思从正面提出这个问题，并尝试对其作出解答。某个社会集团形成了阶级，为了作为阶级而存在，其中的每个人则必须拥有同一的收入或者收入源泉。但是相反，即便是拥有同一收入或者收入源泉，也不能断定他们就是一个阶级。[③] 此为马克思的理论展开，也就是提出职业与阶级的区别这一问题奠定了基础。

确实，职业是阶级的一个具有现实性的标签。但是，两者并非同一事物。海因岑将“阶级”与“职业”视为一体，最终只能将其看作“钱包的大小”，即收入多寡的问题，对于“海因岑先生”所言的“‘粗俗的’人的理智”，马克思进行了如下的批判。“‘粗俗的’人的理智把阶级差别变成了‘钱包大小的差别’，把阶级矛盾

① 《共产党宣言》，《马克思恩格斯文集》第2卷，人民出版社，2009年，第58页。

② 《共产党宣言》，《马克思恩格斯文集》第2卷，人民出版社，2009年，第58页。

③ 《资本论》第3卷，人民出版社，2004年，第1002页。

变成了‘各行业之间的争吵’。钱包的大小纯粹是数量上的差别，它可以尽情唆使同一阶级的两人互相反对。大家知道，中世纪的行会是在‘行业差别’的原则上互相对立的。但是大家也知道，现代的阶级差别绝不建立在‘行业’的基础上；相反，分工在同一阶级内部造成不同的工种。”①

那么，定义职业区分与阶级区分的指标又是什么呢?

既然《资本论》第3卷中说“手稿至此中断”（恩格斯），那么我们无法继续向马克思寻求直接的答案。只能进行大胆的推测。可以考虑到的下文会是怎样的内容呢?接下来有可能是指出收入以及各类收入源泉的差异性（差别性）的内容。即，指出各类收入源泉是隐藏在社会生产过程中的各类原因，也就是作为主体要因的劳动力，作为客体要因的生产手段（本来的生产手段以及土地）的资本制形态（包括劳动形态的样式）中的事物，作为这诸类因素的经济学范畴的人格化结果，工人、资本家、土地所有者这样的阶级区别得以实现。综上所述，阶级关系的根本原因，可以围绕生产过程中的各类因素（土地、资本、劳动）的所有关系加以探求。

阶级和分类

作为工人阶级的无产阶级、作为资本家阶级的资产阶级、作为土地所有者阶级的贵族，这三大阶级类别的区分依据，可以在基于生产过程中的各种因素的归属而产生的收入源泉的差异性中加以探求。但是，构成近代社会的三大阶级，进一步包含了构成其各个阶级的阶层、分类、各个部分等下级概念。所谓工人阶级，也并非同

① 《道德化的批评和批评化的道德》，《马克思恩格斯全集》第4卷，人民出版社，1958年，第343页。

质的、坚如磐石的群体，资本家阶级亦是如此。其具体的样态，将在涉及社会各类阶级的后续章节中加以论述。

社会分化与阶级

如果说阶级是表现社会分化的一种现实，那么它与除此之外的社会分化的联系又是怎样的呢？根据性别而产生的分化，根据人种、宗教、民族而产生的分化与根据阶级而产生的分化之间是如何相互交错的呢？让我们在马克思的论证中探寻一二吧。

性别与阶级

马克思在《资本论》中有如下意味深长的一部分论述。“财富的一部分执行资本的职能，另一部分则执行非资本或消费基金的职能。在这里，一切资本不是固定的，就是流动的，这表现为一种绝对的必然性，就像哺乳动物不是雄的，就是雌的，是一种自然的必然性一样。”①

如果借用这种说法，对于人类而言，非男即女就是自然的必然性。这个次元中的性别分化，也就是对于人类的相互关系而言，“非男即女”只能说是一种纯粹的生理必然性。

在这样一种“纯粹的生理性基础”上发展出自然形成的分工，历史则在自然的基础之上留下了痕迹，“在家庭内部，随后在氏族内部，由于性别和年龄的差别，也就是在纯生理的基础上产生了一种自然的分工。随着共同体的扩大，人口的增长，特别是各氏族间的冲突，一个氏族之征服另一个氏族，这种分工的材料也扩大了”。②

---

① 《资本论》第 2 卷，人民出版社，2004 年，第 232 页。
② 《资本论》第 1 卷，人民出版社，2004 年，第 407 页。

在这样的历史基础之上，形成了最初的现实社会的男女关系。男性和女性的现存社会地位在这样的多重结构中被构建起来。当欠缺这种多重性的认识时，“思辨的宗教创始人的浅薄”则会停止对于历史现实的认识，从而“鼓吹女性崇拜以掩饰他自己对女性顺从”。马克思对于德国著作家道默（Georg Friedrich Daumer）的批判可以说是典型的例证。“道默先生在逃避威胁他的历史悲剧而诉诸所谓的自然，即乏味的田园诗，鼓吹对女性崇拜以掩饰他自己对女性的顺从。”①

排除所谓的有关女性自身的充斥着神秘的空话（尽管其实质只是从德国的小市民文化，以及在这之前从各个阶级的文化视点出发而描绘出的常规女性形象）这类一切非现实的想象，真实地直视女性现在的社会地位吧。这才是马克思所讨论的重点。其含义则是致力于探讨男女间自然产生的分工被编织于现实的阶级关系之中这一事实在何种程度上被人真实地认知，既不可将前者简单地还原至后者，亦不可将前后两者分开讨论。重要的是，有关社会分工与工场手工业分工之间的关系，就像马克思所说的，如何确认女性问题与阶级问题“是从相反的两个起点发展起来的”② 这一点。更重要的是，这两个问题虽然是具有独自历史背景的个别问题，但在现实社会关系中则是互相结合的。

如果要谈“女性现在的社会地位”这一问题，那么从道理上讲，其与现实的经济关系或者阶级关系则是不无联系的。比如说，如果说没有商品交换过程这一经济关系的发展，那么性的商品化则无从谈起。马克思在《资本论》中为“商品是物，所以不能反抗人。如果它不乐意，人可以使用强力，换句话说，把它拿走”这句话附加

---

① 《〈新莱茵报。政治经济评论〉第2期上发表的书评》，《马克思恩格斯全集》第10卷，人民出版社，1998年，第254页。

② 《资本论》第1卷，人民出版社，2004年，第407页。

了如下注释。“在以虔诚著称的12世纪，商品行列里常常出现一些极妙之物。当时一位法国诗人所列举的郎迪市场上的商品中，除衣料、鞋子、皮革、农具、毛皮等物以外，还有‘淫荡的女人’。”①因此，如果没有商品关系的发展，那么卖淫制度是无从考证的。排除卖淫现象的存在，只是单纯考虑商品关系更是不可行的。

如果将眼光从12世纪转移到马克思所在的时代，女性的社会地位以更加真实的姿态展现在人们面前。一方面存在身为工人阶级的少女，“9岁和10岁的男孩一连干活60个小时，而一共只休息3小时！厂主们还是不要说什么工人轻视教育吧！上面提到的Ann B.，是一个只有9岁的女孩，在60个小时的工作中由于疲劳过度倒在地上就睡着了；当她被叫醒的时候，她哭了，但还是被迫继续干活！”②

另一方面，也有着像萨瑟兰公爵夫人那样组织“斯泰福宫的妇女大会”，发起“关于黑人奴隶制告美国姐妹书”的号召，扩大不在大西洋此岸而在彼岸的英国贵族的博爱主义影响力的上流阶级女性。马克思在揭露了她的先祖在苏格兰通过清扫领地而构筑了巨额财富的根基时，描述了“一个老太太因拒绝离开自己的茅舍而被烧死在里面”③的事实之后，进一步得出如下的结论：“英国雇佣奴隶制的反对者有权谴责黑人奴隶制，但是萨瑟兰公爵夫人、阿索尔公爵、曼彻斯特的棉纺大王们——绝对无权！”④

另外，在这两者中间，还存在着日渐兴隆的中间阶级（即资产阶级）的夫人们和他们的女儿们。

---

① 《资本论》第1卷，人民出版社，2004年，第103页，注37。

② 《繁荣。——工人问题》，《马克思恩格斯全集》第12卷，人民出版社，1998年，第548页。

③ 《选举。——财政困难。——萨瑟兰公爵夫人和奴隶制》，《马克思恩格斯全集》第11卷，人民出版社，1995年，第612页。

④ 《选举。——财政困难。——萨瑟兰公爵夫人和奴隶制》，《马克思恩格斯全集》第11卷，人民出版社，1995年，第614~615页。

无论从属于哪个阶级的女性都是女性。这样的主张或许是存在的。那么，因为她们同样作为女性便可以组成“同盟”吗？马克思把这样的想法讽刺为“荒谬的，不切实际的”。“某些属于所谓自由派的政治家大谈其‘资产阶级和工人阶级的联盟’，但是这种思想是荒谬的，不切实际的。雇主和工人，主人和奴仆之间横着一条不可逾越的鸿沟。至于说到家仆，达尔福特的最近的箴言就讲得很透澈：他说：‘想到那些照管我们的舒适和需要的男男女女，我们住宅的常住户，——我们对他们的情感和性格就像对另一行星上的居民一样了解得很少——竟同我们住在一起，就不免令人伤心。’为了不把‘两个行星的居民’混同起来，资产阶级太太们忘记了她们自己不久前也属于下层等级，竟迫使自己的女仆戴上标志她们的下等身分的‘包发帽’，并且很少允许女仆穿得漂亮些，因为她们担心不这样就会失去她们作为土地或是金钱的所有者的特征。”①

在现实中，女性的社会地位通过阶级关系得以发现。确认这个问题，既不是否定女性问题的独立存在意义，也不是将女性问题还原到阶级问题之中。另外，更不是在头脑中否定女性们在极为特殊的情况下形成跨越阶级的共同战线的可能性。但是，如果从现实的角度来认识女性的社会地位，那么其与阶级之关联自然无可避免，是横跨在阶级利益间的“宽广”的沟壑，另外，此问题本身只能在包括阶级关系在内的社会关系的一定成熟条件下被提出，以上事宜则是必须要承认的。

民族、宗教和阶级

上述问题的构架，在由于民族和宗教而产生的社会分化问题中

① 《英国资产阶级》，《马克思恩格斯全集》第 10 卷，人民出版社，1962 年，第 685 页。

多少也是适用的。

17 世纪末开始逐渐衰败的奥斯曼土耳其，进入 18 世纪后，被统治民族的独立运动开始高涨的同时，列强对其的介入更加频繁。如濒死的重症患者一般的奥斯曼土耳其，这个跨越亚洲、非洲、欧洲的巨大帝国，面对着身持各类利害关系而虎视眈眈的欧洲列强。因为它们而产生的围绕土耳其遗产处理的外交问题，在欧洲方面看来，即所谓的“东方问题”。马克思对于此问题而发表的时论，就是考虑因民族或宗教的分化对地域间阶级支配问题而具有极为重大意义的这一问题。

马克思将土耳其分为三个完全不同的组成部分来考虑。“非洲藩属国（埃及和突尼斯）、亚洲土耳其和欧洲土耳其”。其中，对于欧洲的利害关系，“问题的真正焦点永远是欧洲土耳其，即萨瓦河和多瑙河以南的大半岛”。① 换言之，存在问题的区域集中在巴尔干半岛。

巴尔干半岛“聚居着各不相同的种族和民族”。② 由于“在居民这样混杂的情况下，统治权又不能不属于其中的一个民族”，因而“直到不久以前还很难说，在所有这些不同种族当中土耳其人不是最有能力掌握统治权的”③ 状态得以持续，“1200 万斯拉夫人、希腊人、瓦拉几亚人、阿尔瑙特人都处于 100 万土耳其人的统治之下”④。然而，随着土耳其帝国的弱势化以及各民族的独立或者因其他情况而逐渐脱离于土耳其统治，“我们不能不承认，土耳其人在欧

① 《不列颠政局。——迪斯累里。——流亡者。——马志尼在伦敦。——土耳其》，《马克思恩格斯全集》第 12 卷，人民出版社，1998 年，第 7 页。

② 《不列颠政局。——迪斯累里。——流亡者。——马志尼在伦敦。——土耳其》，《马克思恩格斯全集》第 12 卷，人民出版社，1998 年，第 7 页。

③ 《不列颠政局。——迪斯累里。——流亡者。——马志尼在伦敦。——土耳其》，《马克思恩格斯全集》第 12 卷，人民出版社，1998 年，第 8 页。

④ 《不列颠政局。——迪斯累里。——流亡者。——马志尼在伦敦。——土耳其》，《马克思恩格斯全集》第 12 卷，人民出版社，1998 年，第 7 ~ 8 页。

洲的存在是开发色雷斯—伊利里亚半岛的一切潜力的真正障碍”。[①]对于“东方问题”的背景与轮廓，马克思是这样概括的。所谓问题的核心，在如下一节中得以体现。“很难称土耳其人是土耳其的统治阶级，因为那里社会各个不同阶级之间的关系像各个不同种族之间的关系一样混乱。在不同地区和不同情况下，土耳其人中有工人、农民、小自由农、商人、处于封建主义最低和最野蛮阶段的封建地主、官吏或军人；但是，不管其社会地位如何，土耳其人都属于有特权的宗教和民族——只有他们才有携带武器的权利，而且即使是地位最高的基督徒，在遇见地位最低的穆斯林时也必须让路。在波斯尼亚和黑塞哥维那，斯拉夫血统的贵族改宗了伊斯兰教，而一般群众仍然是莱雅，即基督徒。因此，在这一省份里，占统治地位的宗教和占统治地位的阶级是吻合的，波斯尼亚穆斯林和他们的土耳其血统教友的地位自然也是同等的。”[②]

即便是在波斯尼亚和黑塞哥维那占统治地位的宗教和占统治地位的阶级是吻合的，而在其他地域则是不吻合的。同样的道理，统治民族和统治阶级既有相互吻合的时候，也会有相互不吻合的时候。既不能把民族统治与阶级统治一视同仁，也不能把前者还原成后者简单了事。马克思所讨论的重点亦是在此。此两者乃从不同出发点发展起来的个别社会区分点。正是因为如此，即使“土耳其人都属于有特权的宗教和民族”，但是他们也可能从属于各种各样的社会地位，或者说社会阶级间的关系。例如，如果说有属于统治阶级的特权民族和特权宗教的可能，那么属于被统治阶级的特权民族和特权宗教的可能也存在。相反，如果有属于统治阶级的非特权民族和

① 《不列颠政局。——迪斯累里。——流亡者。——马志尼在伦敦。——土耳其》，《马克思恩格斯全集》第12卷，人民出版社，1998年，第8页。

② 《不列颠政局。——迪斯累里。——流亡者。——马志尼在伦敦。——土耳其》，《马克思恩格斯全集》第12卷，人民出版社，1998年，第8页。

非特权宗教的可能，那么属于被统治阶级的非特权民族和非特权宗教的可能也是存在的。所以，可以说“那里（即土耳其。——译者注）社会各个不同阶级之间的关系像各个不同种族之间的关系一样混乱”。[①] 如果说阶级统治时常由民族统治和宗教统治进行的话，那么就没有科学存在的必要了。在解释“错综”关系，不断地探究阶级统治和民族—宗教统治的关联，以及这一现象的“为什么”和“为了什么”的过程中，科学的眼光才会引人注目。

民族分化与宗教分化，与阶级分化有着完全不同的背景。马克思为了明确巴尔干半岛的分化情况，对那里的居住民族的社会生活条件进行了个别讨论。

特别引人注目的有如下几点。第一点，有关构成“欧洲土耳其的居民（不算随时可以从亚洲吸收的后备）的主要支柱”的“君士坦丁堡和其他几个大城市的暴民”，马克思提出如下观点，即这些人存在“尽管他们主要是靠给信基督教的资本家干活为生，但是他们仍然拼命维护自己想象中的优越地位和实际上的胡作非为不受惩罚的权利”[②] 这样一种矛盾的社会性格；第二点，如可以在一部分“瓦拉几亚人，或称达科－罗马人”中看到的一样，尽管同俄国有着共同宗教，但是对于俄国沙皇，“革命精神仍然渗进去了”[③]（这是什么意思，沙皇有革命精神？是指这些人们对沙皇都有共同的仇恨和革命意向?）；第三点，马克思指出，占据人口大多数的人种的斯拉夫族人中间，由于使用拉丁字母或者西里尔字母这样的言语手段的不同，文化交流的范围产生差异，“这种与宗教信仰差异有关的

① 《不列颠政局。——迪斯累里。——流亡者。——马志尼在伦敦。——土耳其》，《马克思恩格斯全集》第12卷，人民出版社，1998年，第8页。

② 《不列颠政局。——迪斯累里。——流亡者。——马志尼在伦敦。——土耳其》，《马克思恩格斯全集》第12卷，人民出版社，1998年，第9页。

③ 《不列颠政局。——迪斯累里。——流亡者。——马志尼在伦敦。——土耳其》，《马克思恩格斯全集》第9卷，人民出版社，1961年，第10页。

情况，也妨碍着整个南方斯拉夫地区朝民族统一的方向发展”。[①] 特别是在这之后的一节中，马克思涉及语言表达法问题对于民族意识形成产生的影响，这是发人深省的。也就是说，贝尔格莱德一带的斯拉夫人的语言，因为同俄语在“古斯拉夫语源学正字法方面非常相似”，这个地方的人们可以“毫不困难地阅读和理解在莫斯科用俄语出版的书”。[②] 因此，“尽管阿格拉姆和布拉格的狂热分子作了种种泛斯拉夫主义的努力，可是塞尔维亚人、保加利亚人、波斯尼亚的莱雅、马其顿和色雷斯的斯拉夫族农民，对俄罗斯人要比对讲同一种语言的信罗马天主教的南方斯拉夫人抱有更大的民族同情心，同他们有更多的接触点和更多的思想交往手段。不论发生什么事，他们总是指望从圣彼得堡来个救世主把他们从所有灾祸中解救出来”。[③]

马克思指出，民族分化与阶级分化并非毫无关系，亦可以说宗教或者语言与民族分化的产生有着千丝万缕的联系。

民族问题、宗教问题与阶级问题有着不同的出发点，经过不同的历史进程的洗礼，共同被编织到现实社会中这一事实，是没有必要再被重新发掘的社会科学常识。应该得到确认的是这同时也是马克思的认识，此点必须得到进一步强调，因为我们常常会遇到那种以为马克思只重视阶级，轻视民族和宗教问题的针对马克思的庸俗的批判。

关于“东方问题”，可以进一步进行挖掘。

“东方问题”中，包含着亚洲土耳其，特别是围绕“巴勒斯坦

---

① 《不列颠政局。——迪斯累里。——流亡者。——马志尼在伦敦。——土耳其》，《马克思恩格斯全集》第12卷，人民出版社，1998年，第11页。

② 《不列颠政局。——迪斯累里。——流亡者。——马志尼在伦敦。——土耳其》，《马克思恩格斯全集》第12卷，人民出版社，1998年，第11页。

③ 《不列颠政局。——迪斯累里。——流亡者。——马志尼在伦敦。——土耳其》，《马克思恩格斯全集》第12卷，人民出版社，1998年，第11～12页。

和基督徒聚居的黎巴嫩谷地”[①] 的欧洲列强间的利益争夺。表面上是围绕圣地耶路撒冷的保护权展开的基督教诸国与土耳其间的宗教斗争。但是，对此马克思认为，“在圣墓周围聚集着各种各样的基督教教派，在它们的宗教野心后面隐藏着同样多的政治的和民族的角逐”[②]，并列举出各宗派的代表人种，“在圣地的三大教派是正教会、天主教会和亚美尼亚教会。天主教会可以说主要是代表拉丁民族；正教会主要是代表斯拉夫民族、土耳其斯拉夫民族和希腊民族，其余的教会则主要是代表亚洲和非洲民族”。[③]

然后，马克思又说道，“不难想象，所有这些互相敌对的人是怎样包围圣墓的，僧侣们是怎样进行战争的，而他们争夺的表面上的对象是出自伯利恒岩穴的一个星状物、一块绣帷、一个圣殿的钥匙、一个祭坛、一个陵墓、一个宝座、一个圣枕！”[④] 为了读解这种表面抗争的内涵，必须要超越表面的理解。

> 要了解僧侣们的这样一种十字军征讨，便必须首先了解他们的生活方式，其次是他们的居住方式。[⑤]

马克思生动地刻画了在耶路撒冷把宗教作为生活意义而度日的圣职者们，还有犹太人们的现实生活之后，作出如下的结论：“现在

---

① 《不列颠政局。——迪斯累里。——流亡者。——马志尼在伦敦。——土耳其》，《马克思恩格斯全集》第12卷，人民出版社，1998年，第7页。

② 《宣战。——关于东方问题产生的历史》，《马克思恩格斯全集》第13卷，人民出版社，1998年，第185页。

③ 《宣战。——关于东方问题产生的历史》，《马克思恩格斯全集》第13卷，人民出版社，1998年，第186页。

④ 《宣战。——关于东方问题产生的历史》，《马克思恩格斯全集》第13卷，人民出版社，1998年，第186页。

⑤ 《宣战。——关于东方问题产生的历史》，《马克思恩格斯全集》第13卷，人民出版社，1998年，第186页。

我们很清楚，为什么基督徒在圣地共同进行祈祷仪式会变成各种不同教派之间的永无休止的拼命的爱尔兰式的争吵；但是，另一方面，这些神圣的争吵恰恰掩盖着不仅是各个国家而且是各个民族之间的世俗的斗争，而在西欧人看来是如此可笑的、在东方人看来却是如此异乎寻常地重要的圣地的保护权问题，仅仅是经常出现的、始终被掩盖着的和永远不能解决的东方问题的一个阶段。”[①] 马克思所讨论的是，即便表面上看似为宗教斗争，剥去伪装，呈现出的便是“恰恰掩盖着不仅是各个国家而且是各个民族之间的世俗的斗争”这一事实。其本质不过是被投影到宗教这一观念维度的卑鄙的战争。当然，这并非在否定宗教形态的独立性。问题在于必须将不得不以宗教形态示人的必然性，同其宗教面纱背后所隐藏的“世俗的斗争”这一真正动机加以区别。这一点，在民族纷争的问题上同样适用。

通过“东方问题”，我们明确了几个重点。接下来，以在工人阶级内部产生的民族对立为例加以探讨。

“英国资产阶级不仅利用爱尔兰的贫困，以便通过对爱尔兰贫民采取的强制移民手段来使英国工人阶级的状况更加恶化，除此以外，它还把无产阶级分成两个敌对的营垒。克尔特工人的革命热情和盎格鲁撒克逊工人的严肃的但是迟缓的性格没有和谐地结合起来。相反，在所有的英国大工业中心，英国无产者和爱尔兰无产者之间存在着很深的对立。普通的英国工人憎恨爱尔兰工人，把他们看做降低工资和 standard of life〔生活水平〕的竞争者，他们对爱尔兰工人抱有民族的和宗教的厌恶，几乎像美国南部各州的 poor whites〔白种贫民〕看待黑奴那样看待他们。……资产阶级知道，无产者的这种

① 《宣战。——关于东方问题产生的历史》，《马克思恩格斯全集》第 13 卷，人民出版社，1998 年，第 188 页。

分裂状态是保存它的势力的真正秘诀。"[①]工人阶级，是由于竞争而被分裂出无数对立关系的个人、集团、阶层的集合体（详见下文）。从马克思的这个基本认识可以看出，从工人阶级被牵引出的更加强有力的分化线，是此处所提到的民族分化线和宗教分化线。从这种分化状态中获得最大利益的是谁呢？马克思的最终质疑点落在此处。他说，工人间的民族对立感情是被促使出来的，这个被促使出来的方向是从被策划的建造中产生的，不知所以然地去迎合前者的势头与后者的强化是紧密相连的。"目前在英国正重复着在古罗马到处都能看到的事件。奴役其他民族的民族是在为自身锻造镣铐。"[②]

值得一提的是，对于马克思来说，民族并非自然形成的，这是一个历史概念。在历史的进程中，民族的形态、观念、概念有着各种各样的姿态。所以马克思慎重地只是举例来说，"目前称之为爱尔兰人民的那些人的某些特点"。[③] 严格地说，对于马克思来说"民族"并不是问题，称之为人民的那种东西才是问题的关键。

人种与阶级

与民族相比，被称作人种的事物更加贴近自然。这也是马克思将其表现为"人本身的自然（如人种等等）"[④] 的原因。但是，将人种作为一项"自然条件"，与将其作为社会分化的根据（人种歧

---

① 《机密通知》，《马克思恩格斯全集》第16卷，人民出版社，1964年，第474页；《总委员会致瑞士罗曼语区联合会委员会》，《马克思恩格斯全集》第16卷，人民出版社，1964年，第439～440页。

② 《机密通知》，《马克思恩格斯全集》第16卷，人民出版社，1964年，第474页；《总委员会致瑞士罗曼语区联合会委员会》，《马克思恩格斯全集》第16卷，人民出版社，1964年，第440页。

③ 《1867年12月16日在伦敦德意志工人共产主义教育协会所作关于爱尔兰问题的报告的提纲》，《马克思恩格斯全集》第21卷，人民出版社，2003年，第342页。

④ 《资本论》第1卷，人民出版社，2004年，第586页。

视），这是处于不同层次的两个问题，这与性别分化是一样的。男女这一对于人类来说有着自然必然性的生理基础，不能成为社会分化的真正根据。同理，人种这一对于人类来说有着自然必然性的生理基础，亦不能成为社会分化的真正根据。而且，无论是性别分化还是人种分化，都是无法在阶级分化中寻找根据的。但是，虽说根据不同，其分化与现实有着很大的重叠性，这里可以看到马克思所论证的重点。

例如，基于奴隶制的人种利害关系，与“白种贫民”的阶级利害关系，此两者并非毫无关系。“联邦南部真正的奴隶主的人数不超过30万人，是一个狭小的寡头统治，与之对立的是好几百万所谓‘白种贫民’（poor whites），这些白种贫民的人数由于地产的集中而不断增长，而他们的处境也只有罗马帝国极度衰微时期的罗马平民才可比拟。只有靠取得新的领地和有希望取得新的领地，以及靠海盗式的远征，才能调和这些‘白种贫民’的利益与奴隶主的利益，把他们的热烈的事业欲引到一个无害的方向，并且用他们自己有一天也会成为奴隶主的希望来羁縻他们。”①

此二者中存在着共犯关系。正是因为如此，马克思才有了如下言论：“在北美合众国，只要奴隶制使共和国的一部分还是畸形的，任何独立的工人运动就仍然处于瘫痪状态。在黑人的劳动打上屈辱烙印的地方，白人的劳动也不能得到解放。”②

阶级存在的诸局面

阶级是以何种形态存在的呢？本节中将讨论阶级存在的几种基

① 《北美内战》，《马克思恩格斯全集》第15卷，人民出版社，1963年，第354～355页。

② 《资本论》第1卷，人民出版社，2004年，第348页。

本情况。

自在阶级与自为阶级

有关阶级存在的区别，在《哲学的贫困》一书中可以找到如下叙述：“经济条件首先把大批的居民变成劳动者。资本的统治为这批人创造了同等的地位和共同的利害关系。所以，这批人对资本说来已经形成一个阶级，但还不是自为的阶级。在斗争（我们仅仅谈到它的某些阶段）中，这批人联合起来，形成一个自为的阶级。他们所维护的利益变成阶级的利益。而阶级同阶级的斗争就是政治斗争。”①

当谈到“对资本说来已经形成一个阶级”的时候，马克思就是在谈阶级自在形成的状态。“同等的地位和共同的利害关系”被衍生出来时就是在这个阶段。对此，当“这批人（对于斗争）联合起来”的时候，“他们所维护的利益”会被意识到。在这个阶段中，“由大众自身构成的阶级”得以成立，也就是自为阶级得以成立。总而言之，这两个阶段的区别，在于当“大众”直面他们自身的“共同的利害关系”时，对此所采取的态度的不同。在“大众”中间是否存在现实性的“共同的利害关系”，当他们意识到这点时是否采取“维护”利益的行动并且为此在斗争中能否“联合起来”，当以科学的眼光回顾这类围绕大众各种利害关系而产生的对立、抗争的成熟期时，马克思将其质的飞跃归结为从“自在阶级”向“自为阶级”这一局面的展开。马克思认为这一区别同样适用于法国的小农，“数百万家庭的经济生活条件使他们的生活方式、利益和教育程度与其他阶级的生活方式、利益和教育程度各不相同并互相敌对，就这一

① 《哲学的贫困》，《马克思恩格斯全集》第4卷，人民出版社，1958年，第196页。

点而言，他们是一个阶级。而各个小农彼此间只存在地域的联系，他们利益的同一性并不使他们彼此间形成共同关系，形成全国性的联系，形成政治组织，他们是一个阶级。因此，他们不能以自己的名义来保护自己的阶级利益，无论是通过议会或通过国民公会”。①

路易·波拿巴能把传统的农民阶层变为自己的拥护基础，其中一个理由，就是他们作为阶级的成熟度。马克思在继前文之后，又作出如下的论述：“他们不能代表自己，一定要别人来代表他们。他们的代表一定要同时是他们的主宰，是高高站在他们上面的权威，是不受限制的政府权力，这种权力保护他们不受其他阶级侵犯，并从上面赐给他们雨水和阳光。所以，归根到底，小农的政治影响表现为行政权支配社会。”②

经济阶级与政治阶级

类似质疑马克思所说的统治阶级就真的是“同质”的“坚如磐石的”群体吗？这样的误解，是极为常见的。这种单纯的误解，原封不动地以现实中统治结构的复杂化为理由，声称马克思阶级论的失效。但是，在马克思的言论中，我们可以发现区别经济支配阶级和政治统治阶级的可能性，同时，也可看到此两者作为支配阶级，它们之间存在共同利益这样的认识（中间阶级与贵族阶级的联盟）。此外，亦可发现在意识形态上代表某阶级的人们（“著作方面的代表人物”）以及机关（“报纸”）在独立存在的基础上发挥了独立的作用。详细内容将在下一章中作出分析，但是在此有强调意义的是，至少可以说，马克思具备了对于政治统治、经济支配和文化代表这

---

① 《路易·波拿巴的雾月十八日》，《马克思恩格斯全集》第 11 卷，人民出版社，1995 年，第 229 页。

② 《路易·波拿巴的雾月十八日》，《马克思恩格斯全集》第 11 卷，人民出版社，1995 年，第 229 页。

一阶级支配的多重分析架构，并且深刻认识到结合这一多重性的利益对立性和共同性原理。

阶级统治与阶级流动

在有关马克思的议论当中，阶级支配以阶级流动为条件这一点也是常常被忽视的。因此，应该对在《资本论》第3卷中被提到的一节予以特别重视。“即使得到贷款的产业家或商人是没有财产的人，那也是由于相信他会用借来的资本执行资本家的职能，占有无酬劳动。他是作为可能的资本家得到贷款的。一个没有财产但精明强干、稳重可靠、有能力和经营知识的人，通过这种方式也能成为资本家（因为在资本主义生产方式中，每一个人的商业价值总会得到或多或少正确的评价），这是经济学辩护士们所赞叹不已的事情，这种情况虽然不断地把一系列不受某些现有资本家欢迎的新的幸运骑士召唤到战场上来，但巩固了资本本身的统治，扩大了它的基础，使它能够从社会下层不断得到新的力量来补充自己。这和中世纪天主教会的情况完全一样，当时天主教会不分阶层，不分出身，不分财产，在人民中间挑选最好的人物来建立其教阶制度，以此作为巩固教会统治和压迫俗人的一个主要手段。一个统治阶级越能把被统治阶级中的最优秀的人物吸收进来，它的统治就越巩固，越险恶。”①

时至今日，这一点仍然适用。“被统治阶级中的最优秀的人”通过高等教育制度而被选拔出来，作为社会中各种各样的统治机构里的中心人物（精英）被输送至各界。甚至，在统治机构中作为统治阶级的代理人，经受训练、积累业绩、获得信任，在此之上，其中一部分人作为政治、经济、文化的支配阶级的一员，为社会所承认。正是“没有财产但精明强干、稳重可靠、有能力和经营知识的人”

① 《资本论》第3卷，人民出版社，2004年，第679页。

能够受到这种阶级流动的恩惠这样的事实，的的确确“巩固了资本本身的统治，扩大了它的基础，使它能够从社会下层不断得到新的力量来补充自己”。[①] 阶级存在正是包含了此种意义上的流动性。

阶级统治与能力主义·精英统治

马克思对于能力主义，或者因此被正当化的精英统治问题的批判性发言，可以在对卡莱尔著作的书评中发现。

虽然马克思对卡莱尔称赞道：“当资产阶级的观念、趣味和思想在整个英国正统著述中居于绝对统治地位的时候，他在著述中反对了资产阶级，而且他所采取的方式有时甚至具有革命性”[②]，但是马克思也洞察到在卡莱尔著作中可以见到的“英雄崇拜”或者“天才崇拜”和“违反历史的中世纪颂扬”的混合体才是他的“思想”和“文体”。

卡莱尔的历史观也是特殊的。“全部历史的过程不决定于活生生的人民群众本身的发展，他们本身自然为一定的、本身也在历史上产生和变化着的条件所左右，全部历史过程取决于永恒的永远不变的自然规律，它今天离开这一规律，明天又接近这一规律，一切都以是否正确地认识这一规律为转移。这种对永恒的自然规律的正确认识是永恒的真理，其他一切都是虚假的。”[③]

将试图在历史中发现永恒不变的自然法则这一立场与上述“天才崇拜”联系起来的时候，因能力主义而将精英支配正当化这一极具现代意义的讨论则得以成立。“根据这种观点，一切实际的阶级矛

① 《资本论》第3卷，人民出版社，2004年，第679页。

② 《〈新莱茵报。政治经济评论〉第4期上发表的书评》，《马克思恩格斯全集》第10卷，人民出版社，1998年，第312页。

③ 《〈新莱茵报。政治经济评论〉第4期上发表的书评》，《马克思恩格斯全集》第10卷，人民出版社，1998年，第318页。

盾，尽管因时代不同而各异，都可以归结为一个巨大的永恒的矛盾，就是深谙永恒的自然规律并依照它行动的人，即贤人与贵人，和误解它曲解它并和它背道而驰的人，即愚人与贱人之间的矛盾。因此，历史上产生的阶级差别是自然差别，人们必须向天生的贵人和贤人屈膝，尊敬这些差别，并且承认它们是永恒的自然规律的一部分，即应当崇拜天才。……这样，老问题又自然产生了：到底该由谁来统治？这个问题经过十分详细但却非常肤浅的讨论，终于有了一个答案：应该由贵人、贤人和智者来统治。……但是怎样发现贵人和贤人呢？没有一种神奇的力量来告诉我们，我们必须去找寻。于是变成纯粹自然差别的历史的阶级差别又显露出来。高贵者之所以高贵，是因为他聪明而博学。所以必须在独享教育权利的阶级即特权阶级中去寻找这样的人；而这些阶级本身也要在它们当中找出这样的人，并且对他们想当贵人和贤人的要求作出选择。因此，特权阶级现在即使不成为十足的贵人和贤人的阶级，至少也是说话时‘条理分明’的阶级；而被压迫的阶级当然是‘哑巴，是说话条理不清’的阶级，因此阶级统治又重新得到确定。”①

将“高贵”与“能力”置换来看的话，以能力主义的名义使“阶级统治又重新得到肯定”这一带有现代风格的讨论不是完美地得以成立了吗？并且，得益于现在的有利条件，“在它们当中找出这样的人（有能力的人），并对他们想当贵人和贤人（有能力的人）的要求作出决定”这一系统性的运作，已经将它的触角伸向了社会的各个角落。根据教育制度而产生的学历社会是如此，精英选拔（统治）和能力主义的意识形态支配亦是如此。现阶段，所谓“吐字清晰”的阶级是独占文化控制手段的阶级。而所谓独占教育权利的阶

① 《〈新莱茵报。政治经济评论〉第4期上发表的书评》，《马克思恩格斯全集》第10卷，人民出版社，1998年，第318页。

级，虽然是实行文化支配的阶级，但是当面对“说话吐字不清晰”的阶级（无声的人民大众）时，他们与政治、经济统治集团成为一体，以统治者的姿态做出行动，这一点，无论是学历主义、能力主义，还是业绩主义，都是向教育制度化的人才选拔机构转型时可见到的一般事实。如果这样的系统统治了社会，那么“那些义愤填膺的叫嚣都变成了对现存阶级统治的掩掩盖盖的承认，并且完全变成了不平的牢骚和抱怨，其所以抱怨与不满，原因就是资产者没有让自己的未被承认的天才人物们领导社会，由于很实际的理由没有接受这些老爷们的荒唐的呓语”。[①]对于学历社会怨声载道，以及绝对无法和谋求废除阶级社会这一根本立场相关联的原因，正在于此。

阶级统治与学历主义

那么，所谓学历主义又是什么呢？

1858 年 2 月，英国保守党领袖迪斯累里（Disraeli）对下院提交政府的议会改革法案发起批判，马克思亦认为此法案不过是“被斑驳杂陈的一大堆难以理解的选举特权装饰着；这些特权一方面总的说来是微不足道的，另一方面它们也只会加强现存的阶级垄断”[②]。但是这些“斑驳杂陈的一大堆”中，掺杂着“教育优惠条件”，用现在的话说也就是学历。“所谓教育优惠条件，正如迪斯累里先生讽刺地指出的，这些教育优惠条件虽然不以某一学科为转移，但是这意味着各有关阶级的教育‘要求耗费相当多的金钱’，因此可以归入合乎财产资格限制的总的一类。根据这种优惠条件，受过高等教育的人、英国教会以及其他一切宗教团体的教士、律师、私法律师和

① 《〈新莱茵报。政治经济评论〉第 4 期上发表的书评》，《马克思恩格斯全集》第 10 卷，人民出版社，1998 年，第 319 页。

② 《英国议会改革的新法案》，《马克思恩格斯全集》第 13 卷，人民出版社，1962 年，第 235 页。

公证人、辩护士和法院代诉人、医生、领有执照的教师，总之，从事各种自由职业的人，或者法国人在基佐先生时代通常称之为‘贤者’的人，都享有选举权。”①所谓学历，在最具有特权性的作用（资格）中，便是可以将其纳入“合乎财产资格限制的总的一类”。作为文化性“财产资格”的“教育优惠条件”，其本质上“不以某一学科为转移”，仅仅是表示了“要求耗费相当多的金钱”，通过各种环境因素使子女从家长那里继承的东西。这也是在将教育选拔作为阶级流动的机制的现代社会中，学历之所以有着令人诧异的巨大影响力的阶级原因。

科学的阶级性

如果说科学认识一定要在一定的阶级利益或者阶级关系中进行的话，那么不得不说科学是带着阶级性的。那么，科学在何种意义上是带着阶级性的呢？对应于阶级的科学性，接下来则有必要探讨一下科学的阶级性。

马克思在《资本论》序文中，在对后发国德国极其严厉的批判中，描绘出具有特色的经济科学的接纳方式。② 其中他指出，德国社会特殊的历史发展以及其担负的特殊性，直接招致了资产阶级科学独创性欠缺这一命运，这决定了其需要在无产阶级中寻求批判性科学的阶级支撑的状态。科学的形态，根据其应当开展的有关社会的成熟度，受到很大的制约。

科学并非从天而降的凭空的问题，如果它是从社会中抽取出的问题，那么有关社会的“特殊的历史发展”带来的阶级关系或

① 《英国议会改革的新法案》，《马克思恩格斯全集》第13卷，人民出版社，1962年，第237页。

② 《资本论》第1卷，人民出版社，2004年，第15～18页。

者阶级利益的对立状况，对于科学自身产生的巨大影响则是不言自明的。某些时候，或许它招致了资产阶级科学独创性缺失的命运，同样地决定了“批判性”科学的无产阶级化。但是，某些时候，或许也可以看到，一方面的“资产阶级”科学的政策科学化伴随着另一方面的批判性科学的教条化得以进行。科学的阶级性，首先就应该将科学放置于抽取问题点的“社会特殊的历史发展”当中思考，而不应该利用诸如党派意识形态从属之类的方法来探求。

那么，在这样的历史状况、社会状况中获取的科学认识，在何种意义上是具有阶级性的呢？这个问题，可以将其理解为在不可调和的对立面前必须作出的社会立场的选择问题。科学以认识事物为内容，既然在现实中作为将对象进行观念再生产的实践活动，那么科学家对于现实的看法则不可能保持终极意义上的中立。其中，便衍生出科学认识的阶级性，或者科学家的阶级立场这一古典的、永恒的问题。

众所周知，马克思主张，任何科学家的眼光都无法从现实的阶级关系的束缚中得以自由解放。这一点常常被误解。并不是说这就意味着科学家应优先表明党派立场，将科学活动从属于党派性这样一种粗野的意识形态立场，而是说只要现实在不可调和的矛盾中推移，那么试图在其中探索现实的科学家自身则必须、被迫选择自己的立场，另外，若是不积极地应对这一问题，那么其科学活动也不可能成为真正意义上的具有现实性的东西。置身于阶级关系中，不为阶级关系所束缚，但是也不试图超越于阶级关系之上，寻求一种审视阶级关系的眼光，回过头来看的话，这样的眼光在现实的阶级关系中将自成一派，占据着属于自己的独立的阶级立场。

说到底，这样的立场是现实存在的吗？我们可以以当时的“工厂视察员”为例窥探一二。马克思当时是这样称赞他们的：

“同时我很想利用这个机会，向那些不顾万能的阶级利益，以道义上的英勇气概、顽强的毅力和出众的智力起来保护被压迫群众的不列颠工厂视察员表示敬意。在我们这个普遍崇拜玛门的时代，这样的人是不可多得的。”①

他们定然既不是具有政治党派性的人们，又不是领悟阶级立场而奋起斗争的人们，也不是试图超越专家的职务范围而劳动。但是，这绝非意味着他们对于现实阶级关系的无知和无所谓。像“英国工厂视察员、编写《公共卫生》报告的英国医生、调查女工童工受剥削的情况以及居住和营养条件等等的英国调查委员那样内行、公正、坚决的人们”②，实际上在阶级关系的漩涡中，他们是置身于最前线的。他们之所以选择与“万能的阶级利益”为敌，拒绝“玛门崇拜”的诱惑，从事“保护被压迫群众”工作，只是因为他们在现实阶级关系中选择了一定的阶级立场。即使这个立场不是从阶级动机出发的，谁能说这个被作出的选择不是阶级立场的选择呢？就算“工厂视察员”“编写报告的医生”“调查委员们”是出于个人的人道主义动机采取了行动，或者是出于作为专家的科学动机而采取了行动，置身于现实的基础上作出立场选择，似乎在某种意义上都不能免除阶级的颜色。就算有可以免除的时候，那难道不是一瞬间放弃了现实想法的时候吗？无论是从何种动机出发，只要社会立场的选择具备现实的深度和广度，那么在某种意义上，其将不得不面对现实的阶级关系或者阶级利益，并且在那一瞬间不得不作出阶级立场的选择。这一点，从古到今皆是如此。

个人与现实的对接点将置于何处，从而为了个人的立场选择又将采取何种直接动机，这不过是个人的私事。马克思作为社会科学者中的极少案例，在自己的著作中鲜明地表明了自己的阶级立场。

---

① 《不列颠工厂工业的状况》，《马克思恩格斯全集》第13卷，人民出版社，1962年，第222页。

② 《资本论》第1卷，人民出版社，2004年，第9页。

被表明的立场是否与实际相符，其确证对当时的马克思来说应该是无从得知的。审判总是交给历史来进行的。向世人贡献了《资本论》的马克思，用但丁的《神曲》中的如下一段作为其序文的结尾，难道不是包含着这样的意义么？ “走你的路，让人们去说罢！”①

阶级的平等?还是阶级的消灭?

马克思阶级概念的最大独立性在哪里呢？坦率地说，他所主张的并非“阶级平等”，而是“阶级消亡”，“无产阶级专政”不过是为了达到这个目的的过渡期。

马克思在致约·魏德迈的信中（1852 年 3 月 5 日）反对了“不仅否认阶级斗争，甚至否认阶级存在的无知的蠢材”，并且还谈道：“至于讲到我，无论是发现现代社会中有阶级存在或发现各阶级间的斗争，都不是我的功劳。在我以前很久，资产阶级的历史学家就已叙述过阶级斗争的历史发展，资产阶级的经济学家也已对各个阶级作过经济上的分析。我的新贡献就是证明了下列几点：（1）阶级的存在仅仅同生产发展的一定历史阶段相联系；（2）阶级斗争必然要导致无产阶级专政；（3）这个专政不过是达到消灭一切阶级和进入无阶级社会的过渡。”②

正是“无产阶级专政不过是达到消灭一切阶级和进入无阶级社会的过渡”这一根本思想，才是马克思阶级论的核心内容。事实上，当《新德意志报》不恰当地批判马克思和恩格斯的《新莱茵报。政治经济评论》只是主张“工人阶级的统治与专政”，并没有主张

① 《资本论》第 1 卷，人民出版社，2004 年，第 13 页。

② 《马克思致约·魏德迈（1852 年 3 月 5 日）》，《马克思恩格斯全集》第 28 卷，人民出版社，1973 年，第 509 页。

“根本消灭阶级差别”时，马克思和恩格斯对此发表了共同的反对声明。①

如果将“无产阶级专政”“工人阶级的统治与专政”置换为“工人阶级的解放”的话，那么必须要提到《哲学的贫困》中有名的一段话。“劳动阶级解放的条件就是要消灭一切阶级；正如第三等级即市民等级解放的条件就是消灭一切等级一样。”②

提出此观点的同时，马克思还坚持对于主张“阶级平等”的“资产阶级社会主义者”的批判。“各阶级的平等，照字面上理解，就是资产阶级社会主义者所拼命鼓吹的‘资本和劳动的协调’。不是各阶级的平等——这是谬论，实际上是做不到的——相反地是消灭阶级，这才是无产阶级运动的真正秘密，也是国际工人协会的伟大目标。”③

为什么？为什么是“谬论，实际上是做不到的”呢？答案在于对抗与进步的关系之中，换言之，在对于阶级对立与生产力发展的关系的理解之中。这一点，正是结合工人阶级的解放和消灭阶级差别的具有合理性的关键。在《哲学的贫困》中，我们可以看到如下一节。“没有对抗就没有进步。这是文明直到今天所遵循的规律。到目前为止，生产力就是由于这种阶级对抗的规律而发展起来的。如果硬说由于所有劳动者的一切需要都已满足，所以人们才能创造更高级的产品和从事更复杂的生产，那就是撇开阶级对抗，颠倒整个历史的发展过程。不然也可以这样说：因为在罗马皇帝时代曾有人在人造的池子里喂养鳗鱼，所以说全体罗马居民的食物是充裕的。

① 《致〈新德意志报〉编辑的声明》，《马克思恩格斯全集》第10卷，人民出版社，1998年，第449～450页。

② 《哲学的贫困》，《马克思恩格斯文集》第1卷，人民出版社，2009年，第655页。

③ 《国际工人协会总委员会致社会主义民主同盟中央局》，《马克思恩格斯全集》第16卷，人民出版社，1964年，第394页。

然而实际情况完全相反，当时罗马人民连必要的粮食也买不起，而罗马的贵族却并不缺少充当鳗鱼饲料的奴隶。”①

> 然而这些条件（建立在阶级对抗上的一切东西。——译者注）恰恰也是发展生产力和增加劳动的剩余的必要条件。因此，要获得这种生产力的发展和这种劳动剩余，就必需有阶级存在，其中一些阶级日益富裕，另一些则死于贫困。②

将这一点站在展望人类历史的高度加以总结叙述的是《资本论》中的如下一段话：“在这个直接处于人类社会实行自觉改造以前的历史时期，人类本身的发展实际上只是通过极大地浪费个人发展的办法来保证和实现的。”③

生产力发展这一“人类本身的发展的保证和实现”，实际上是独占生产力发展成果的“阶级”和从中被排除的“阶级”对立，以及从属于后者的个人发展的“极大的浪费”。这是严峻的历史事实。生产力的发展，并不是出于自身的意志而被引发的现象，而是作为不可企图的结果，从阶级对立中诞生的。过去的（当然也包括现在的）人类史，只能（只可能）将阶级对立作为手段或者杠杆来实现生产力的发展，阶级统治的必然性就在于此。并且，阶级消亡的可能性也与此有关。如何做才能不以阶级对立为手段或者媒介来实现生产力的发展呢？只要无法预见这一问题的解决方案，那么就无法明确阶级消亡的可能性和无产阶级统治的必然性。

虽然马克思对于殖民地解放的标准条件有一些论述，但正是这

① 《哲学的贫困》，《马克思恩格斯全集》第4卷，人民出版社，1958年，第104页。

② 《哲学的贫困》，《马克思恩格斯全集》第4卷，人民出版社，1958年，第135页。

③ 《资本论》第3卷，人民出版社，2004年，第103页。

些论述正确地印证了上述的这一重点：

> 英国资产阶级将被迫在印度实行的一切，既不会使人民群众得到解放，也不会根本改善他们的社会状况，因为这两者不仅仅决定于生产力的发展，而且还决定于生产力是否归人民所有。①

如果不能发现将“生产力归人民所有”的具体方法，那么可以明确指出的是，在此基础上进行的一切消灭阶级的尝试，都将迎来生产力的停滞、衰退、崩塌这一悲惨的结局，还可以明确的是，无产阶级统治将堕落为怪模怪样的党派独裁或者个人独裁。不以阶级对立为手段而实现生产力发展的方法——这应该是在阶级关系成熟的条件下，由时代和历史提起的问题。在过去的人类史上这一问题曾被数次提及。其历史性的实验，一概以失败而告终。虽说如此，此问题本身就是没有意义的吗？绝对不是。那么提出问题这一历史行为本身是没有意义的吗？亦不是。从历史实验的失败中，如何吸取历史教训，这才是未来以新的形式迎接同样的问题要提出的人类史课题。

① 《不列颠在印度统治的未来结果》，《马克思恩格斯全集》第12卷，人民出版社，1998年，第250页。

第二章
社会阶级分类

现在让我们把目光从概念上的社会科学意义，转向被反映到概念中的社会实体这一课题。这是本书所致力探讨的第二个问题。在1855年马克思所写的评说中，有这样一节有关英国社会的阶级形势的生动描写："在法国，任何新的革命风暴早晚会使工人阶级取得政权，对这一点不可能有任何怀疑；事态很快就会发生同样的变化。贵族阶级希望继续战争，但是又没有能力进行战争；它在去年冬季指挥战争不力，声誉已经完全扫地。资产阶级不希望继续战争，但是战争现在又不可能结束；资产阶级为了和平而不惜牺牲一切，从而证明它没有能力治理英国。如果事件迫使贵族阶级连同它的各种派别离开政权，同时也不让资产阶级掌握政权，那就只剩下两个阶级能执掌政权：小资产阶级即小商人阶级和工人阶级。前者在每一次需要它把言论变成行动时，都暴露出缺乏毅力和果断精神；后者则在作为一个阶级开始行动时，常常因表现出过多的毅力和果断精神而受到指责"[①]，那么，究竟哪一个阶级能使英国摆脱目前的搏斗和由此而眼看就要产生的那些困难

① 《法国和英国的最近前途》，《马克思恩格斯全集》第14卷，人民出版社，2013年，第294页。

呢？

综上所述，本节将跟随马克思所关注的问题，依次探讨贵族阶级、包括小资产阶级在内的资产阶级以及劳动阶级。

上流阶级

社会的上层存在上流阶级。这个阶级的社会、历史、经济、政治的实际状态是怎样的呢？我们首先由此谈起。

作为上流阶级的贵族

无论是在英国还是在欧洲，当时“上流阶级”的历史本质是“贵族阶级”。这与中间阶级的历史本质是资产阶级，下层阶级的历史本质是无产阶级是相对应的。从经济学本质来看的话，则是贵族阶级对应土地所有者，以此类推，大资产阶级的经济学本质是资本家，无产阶级的经济学本质则是雇佣工人。

作为掠夺者的贵族

1853 年，当时对于美国的黑人奴隶制，美国和英国的上流社会的太太们在号召仁爱主义这一行动上进行了互动。马克思着眼于当时英国方面的中心人物“萨瑟兰公爵夫人”，揭露了在“英国贵族的仁爱”的背后，隐藏着土地权限的这个带有暴力因素的原因。例如“萨瑟兰家族致富的历史，就是苏格兰－盖尔居民破产和被剥夺的历史”[①] 是如此，“如果说把哪一种财产称为盗窃更确切的话，那么不列颠贵族的财产就是名副其实的盗窃。掠夺教

---

① 《选举。——财政困难。——萨瑟兰公爵夫人和奴隶制》，《马克思恩格斯全集》第 11 卷，人民出版社，1995 年，第 608 页。

会的财产，掠夺公共的土地，通过骗人和杀人的办法把封建的宗法的财产变为私人财产，——这就是不列颠贵族占有领地的权利根据”① 亦是如此。

在基于“本世纪（19 世纪。——译者注）前半期有千千万万的人被从祖居的土地（指爱尔兰和苏格兰。——译者注）上赶走”②这一史实之上，马克思批判了贵族阶级虚伪的仁爱主义。“英国雇佣奴隶制的反对者有权谴责黑人奴隶制，但是萨瑟兰公爵夫人、阿索尔公爵、曼彻斯特的棉纺大王们——绝对无权!”③ 但这不仅仅是已经过去的事件。“这种清扫还在继续进行，而且是以无愧于这个模范国家的有美德的、高雅的、笃信宗教的、仁慈的贵族的那种毅力进行的。”④ 马克思之后又列举了大量忍受着强制征收，或被驱逐出家园的租地人的残酷命运的实例。某个人“房子当场被烧掉”，结果，“被这一切激动得发疯了”。“两个即将分娩的已婚妇女亲眼看着自己的住房被捣毁”，“结果两人备受痛苦，都早产了，弄得精神失常”，除此，“甚至孩子们也由于受惊和受迫害而精神失常了”，被赶出住所的“贫农佃户栖息在一座旧仓库里”时，地主的代理人在深夜放火烧了这个仓库，慌乱之际“有些人吓疯了”，还有为了清扫租地人的税吏们对着因为听说警察要到她们的地区来驱逐佃农而聚集在街上的“妇女们”拳打脚踢，施以暴行的实况，“这是揭露所谓的不列颠贵族阶级的一个最有力的证据”，“贵族就是这样来对待

---

① 《选举。——财政困难。——萨瑟兰公爵夫人和奴隶制》，《马克思恩格斯全集》第 11 卷，人民出版社，1995 年，第 614 页。

② 《对塞瓦斯托波尔的攻击。——在苏格兰对领地的清扫》，《马克思恩格斯全集》第 13 卷，人民出版社，1998 年，第 286 页。

③ 《选举。——财政困难。——萨瑟兰公爵夫人和奴隶制》，《马克思恩格斯全集》第 11 卷，人民出版社，1995 年，第 614 ~ 615 页。

④ 《对塞瓦斯托波尔的攻击。——在苏格兰对领地的清扫》，《马克思恩格斯全集》第 13 卷，人民出版社，1998 年，第 286 页。

为他们创造财富的完全有劳动能力的贫农的”,[①] 而“这就是1854年不列颠贵族阶级的面貌”。[②]

这些原本如强盗般的行为，随着时间的流逝被神圣化。将这被神圣化的诡辩论暴露出来的，正是马克思以下的这段话。“在历史进程中，掠夺者都认为，最好是利用他们硬性规定的法律，使他们凭暴力得到的那些原始权利获得某种社会稳定性。最后，哲学家出面论证，说这些法律已得到人类的公认。如果土地私有确实以这种公认为依据，那么，一旦它得不到社会中大多数人的认可，显然就应当被取消。”[③]

作为统治者的贵族

有着作为掠夺者的历史渊源的贵族阶级，在政治上来说是正式的统治阶级。在英国存在着“一直享有使自己表面上成为民族政党或议会政党的特权的某些贵族集团”[④]。他们维持着“共同特权”。“对英国贵族来说，同俄国的战争意味着丧失它对政府的垄断权。英国贵族虽然从1830年以来，被迫奉行了仅仅有利于工商业资产阶级的国内政策，但是，由于他们保持着对外交政策和军队的垄断权，仍然占据着政府的一切要职。然而，这种垄断权只有在人民战争——只有同俄国的战争才可能是这样的战争——把外交政策变为人民的事业以前，才能保持得住。”[⑤]

① 《对塞瓦斯托波尔的攻击。——在苏格兰对领地的清扫》，《马克思恩格斯全集》第13卷，人民出版社，1998年，第286~287页。

② 《对塞瓦斯托波尔的攻击。——在苏格兰对领地的清扫》，《马克思恩格斯全集》第13卷，人民出版社，1998年，第289页。

③ 《论土地国有化》，《马克思恩格斯文集》第3卷，人民出版社，2009年，第230页。

④ 《衰老的政府。——联合内阁的前途及其他》，《马克思恩格斯全集》第11卷，人民出版社，1995年，第590页。

⑤ 《克里木战局的回顾》，《马克思恩格斯全集》第14卷，人民出版社，2013年，第5页。

“总而言之，整个贵族阶级都同意，政府应该使中间阶级得到好处，实行有利于它的政策，但同时他们又决定不让资产阶级直接领导这方面的事务。为了这个目的，旧的寡头政体使尽全力去搜罗它那里的有才干、有影响和有威望的人，组成一个政府，这个政府的任务就是尽可能长久地阻止资产阶级直接掌管国家大权。联合起来的英国贵族打算按照拿破仑第一主张对人民采用的原则来对待资产阶级，这个原则就是：‘一切为了人民，但什么也不通过人民’。”①

所以，“只要贵族的联合内阁按照工商阶级的要求办事，这个阶级就既不会自己作出任何政治上的努力，也不会允许工人阶级展开他们自己的政治运动”。②

但是，这样的“统治独占权”正在逐渐崩溃。“资产阶级”开始发挥作用。如贵族联合“那两个真正在成长壮大但又局部地丧失代表资格的现代社会的基本阶级——工业资产阶级和工人阶级——要争取全国仅有的两个政党的地位的时刻已经到来了吗”？③

论说《英国资产阶级》从“由于英国资产阶级分子的影响的增长，自然就会设想，他们以往对贵族阶级的态度也会逐渐改变，两个阶级之间的现存关系事实上会变得不能容忍”④开始展开叙述，我们从中可以看出，英国的“上层资产阶级”中出现了拒绝加入“贵族阶级”的人。按照以往情况来看，英国的“上层资产阶级”在功成名就之后，往往会成为上院议员，这被贵族视为至高无上的

---

① 《衰老的政府。——联合内阁的前途及其他》，《马克思恩格斯全集》第11卷，人民出版社，1995年，第592页。

② 《人民得肥皂，〈泰晤士报〉得贿赂。——联合内阁的预算》，《马克思恩格斯全集》第12卷，人民出版社，1998年，第668~669页。

③ 《衰老的政府。——联合内阁的前途及其他》，《马克思恩格斯全集》第11卷，人民出版社，1995年，第590页。

④ 《英国资产阶级》，《马克思恩格斯全集》第10卷，人民出版社，1962年，第683页。

光荣。在这样的情况下，贵族阶级将遵守他们一直以来的老一套做法，“决定让他加入到他们中间来；不是因为他是一个百万富翁，而是因为他是一个大土地占有者”，另一方面，对于这样的“上层资产阶级”，贵族阶级开出“必须同银行业务和商业断绝一切联系”这样的条件。但是，违背前例的人出现了。其代表性人物，就是“我们所说的已故的罗伯特·皮尔爵士的令人难忘的榜样。他这个郎卡郡工业家和厂主的后裔，晚年一心想当大资产阶级的首领；虽然他早就可以成为贵族，但是他宁愿留在下院做第一名议员，却不愿意在上院占一个席位而脱离社会活动。他的一生令人信服地证明，政权的重心就在资产阶级的阶级内部。罗伯特·皮尔在遗嘱中告诫他的儿子们，即使将来因他们的父亲的社会功绩而提出授予他们贵族封号，也不能接受它；他的遗嘱中的这一点，如果从人们记忆犹新的1848年事件的角度来看，真不愧为革命精神的榜样和先例！他临死时狠狠地报复了世袭贵族因他出身平民而赏给他的嘲笑，从他幼年来到哈罗时起，这些嘲笑便深深地伤害了他的敏感的心”。①

虽然“也许会觉得，骑士的称号——因为这个称号不致牵扯到政权上去——是用来满足资产阶级的暴发户的”，但是这里也出现了对此加以拒绝的“资产阶级”。“工程师斯蒂芬逊轻蔑地拒绝了这种徒有虚名的称号，而且不久以前铁路承包商达尔根也效仿了他的榜样，因为他无疑认为，接受这个称号会使他陷入令人可疑的处境。”②

以上的例子，象征了资产阶级从贵族阶级手里夺得一点权力的一些轶事。但是，“上层资产阶级像猢狲一样模仿着贵族阶级的生活

① 《英国资产阶级》，《马克思恩格斯全集》第10卷，人民出版社，1962年，第683~684页。

② 《英国资产阶级》，《马克思恩格斯全集》第10卷，人民出版社，1962年，第684页。

方式并竭力去巴结它"[①]，这也是历史事实。在和资产阶级对抗的过程中，工人阶级势力越强大，资产阶级越会出于恐惧的心理而向与贵族阶级联合的方向靠拢，贵族阶级作为统治阶级，正是利用了这一点，更加容易地强化并巩固了自己的地位。作为统治阶级的贵族的地位，正是通过维持这样一种平衡而得到苟延残喘。

作为寄生者的贵族

作为政治统治者而行使权力的贵族阶级，从经济上看来，不过是依托于中间阶级财富的寄生者。作为将这一点表现出来的代表性事件，马克思指责"两院以十分匆促的方式通过了一项增加捐税以救济郎卡郡和约克郡的穷人的法案"时，围绕"贫困工人"的救济责任，"landlords（大地主）和 cotton lords（棉纺大王）"[②] 之间开始互推责任。"议会会议闭幕以后，斗争在报刊上继续进行。要求英国公众援助贫苦工人的呼吁书，以及各工厂区中不断增长的贫困，每天都为继续斗争提供越来越多的理由。'晨星报'和其他的工业家机关刊物告诉人们：得比伯爵和整个贵族集团从工厂区的地产中每年得到 30 多万英镑的地租，那里的本来没有任何价值的地产像魔术一样达到了现在的价格，这一切仅仅归功于他们本身并不参加的工业活动。'晨星报'甚至确定了得比和别的大地主应该捐助多少救济费。例如，它规定得比的救济费为 3 万英镑。议会散后不久，得比勋爵果然就在曼彻斯特召开了一个捐募救济费的大会。他本人施舍了 1000 英镑；别的大地主也认捐了相应的数目。结果并不怎样，但是土地贵族总做了那么一点事情。它拍着胸膛大喊：《Salvavi animam

---

① 《英国资产阶级》，《马克思恩格斯全集》第 10 卷，人民出版社，1962 年，第 688 页。

② 《英国工人的贫困》，《马克思恩格斯全集》第 15 卷，人民出版社，1963 年，第 577 页。

meam!》〔‘我拯救了自己的灵魂!’〕。”[①]

作为寄生者的贵族为了“拯救自己的灵魂”，则不得不对慈善事业捐款，与此相反的是，“棉纺织工业的巨头们却顽固地保持‘斯多葛派’的姿态”。怒不可遏的“托利派各报和‘泰晤士报’现在天天都在大肆攻击棉纺织业的暴君们，说他们从‘工人的血肉中’榨取了数百万，而现在竟拒绝捐助一文钱来维持‘他们财富的来源’”。[②]“泰晤士报”向工厂区派出记者，并刊载了有关穷困工人的详细的现地采访。“所以工业家的报纸——‘晨星报’、‘经济学家’、‘曼彻斯特卫报’等等——都指责‘泰晤士报’挑起阶级斗争以掩饰政府的罪过，掩饰政府在印度的专权，等等。而且‘泰晤士报’还被指责有‘共产主义倾向’。”[③]

就这样，贵族和资本家在进行踢皮球式回避责任的争斗的同时，被置于局外的工人贫民则在困窘中喘息。“在土地贵族与工业贵族之间的这次不寻常的吵闹——争论他们当中谁较多地剥削了工人阶级的血汗，谁应该最少地援助贫困的工人——期间，在最穷困的工人那里发生了一些大陆上的《great exhibition》〔‘大展览会’〕崇拜者们根本不能理解的事件”。[④] 马克思随后列举的，则是一出由于失业而酿成一位姑娘饿死在老父和姐妹身边的惨剧。

作为没落者的贵族

作为政治上的统治阶级、经济上的寄生阶级的贵族，在人口学

① 《英国工人的贫困》，《马克思恩格斯全集》第15卷，人民出版社，1963年，第578页。

② 《英国工人的贫困》，《马克思恩格斯全集》第15卷，人民出版社，1963年，第578页。

③ 《英国工人的贫困》，《马克思恩格斯全集》第15卷，人民出版社，1963年，第578页。

④ 《英国工人的贫困》，《马克思恩格斯全集》第15卷，人民出版社，1963年，第579页。

上，则是濒临灭亡的阶级。

“在最近两周内，由于墨尔本子爵和蒂康奈尔伯爵以及牛津伯爵的亡故，贵族中又有3家死绝。如果说有什么阶级是马尔萨斯关于人口按几何级数增长的规律的例外的话，那么这就是世袭贵族阶级。”①

接下来，马克思指出在大不列颠的诺曼贵族以后，以及从詹姆斯一世以后的准男爵中自然消亡的贵族的数量之多，威尼斯贵族的异常减少，以及随着古罗马的旧贵族的死绝而被人为创造出新贵族的族谱等历史事实。随后马克思还加上了这样一段议论。“从这些事实可以看出，大自然并不珍惜世袭贵族，同时，可以大胆地断言，如果不是经常注入新的血液，如果不是有人为地加以维持的制度，那么英国的上院恐怕早就寿终正寝了。现代生理学认为，在高等动物中间，生殖力同神经系统的发展，特别是同脑髓的增加成反比例。但是，谁也不敢说，英国贵族的死绝同脑髓丰富有任何联系。”②

命中注定了要没落的阶级，便是贵族阶级。

中间阶级

被上流阶级和下层阶级夹在中间的是中间阶级。如果说作为上流阶级的贵族阶级是如夕阳西下一般的阶级，那么处于中间层的中间阶级则是正在蓬勃兴起的阶级。中间阶级在重复历史性分裂的同时，一方面诞生出资产阶级，促使小资产阶级和农民阶级向无产阶级转化；另一方面也将大资产阶级培育成资本家阶级，并通过进一

---

① 《国防。——财政。——贵族的死绝。——政局》，《马克思恩格斯全集》第11卷，人民出版社，1995年，第626页。

② 《国防。——财政。——贵族的死绝。——政局》，《马克思恩格斯全集》第11卷，人民出版社，1995年，第626~627页。

步地分裂在股份公司制度的基础上产生了经营管理者阶级。可以说这是一个十分具有活力的阶级。在此，将以中间阶级的历史性分化为主轴，尝试将马克思的中间阶级的本质认识进行再构建。

中间阶级的历史性分化

a. 分化的起源

中间阶级的历史母体是生活在都市中的中世纪市民阶级，以及生活在农村的由农奴解放而得以独立自营的小农。

1848 年革命时的德国处于“一个过渡时期，那是旧封建等级趋于衰亡，中世纪市民等级正在形成现代资产阶级，斗争的任何一方尚未压倒另一方”。[①]理解德国的“君主专制”这一政治体制的关键正在于此，另外，德国“君主专制”必须要面对的矛盾也在于此。“当社会生存的物质条件发展到迫切需要变革它的官方政治形式的时候，旧政权的整个面貌就发生变化。所以，现在君主专制不实行集权（集权本是他的开明措施）而打算实行分权。君主专制产生于封建等级垮台以后，它积极参加过破坏封建等级的活动，而现在却力图保留哪怕是封建割据的外表。如果说君主专制从前保护过工商业，以此鼓励过中间阶级上升，并且还曾经把工商业看作是国家富强、使自己显赫的必要条件，那末现在君主专制到处都成了工商业（它们正在成为已经很强大的中间阶级手中日益可怕的武器）发展道路上的障碍。”[②]

另外，马克思如下批判了“巴黎‘改革报’对于法国状况的评论”。“‘改革报’的那种共和主义的乐观主义至今所看到的只是《citoyens》〔‘市民’〕。但是历史已有力地把‘改革报’逼得走投无

① 《道德化的批评和批评化的道德》，《马克思恩格斯全集》第 4 卷，人民出版社，1958 年，第 340 页。

② 《道德化的批评和批评化的道德》，《马克思恩格斯全集》第 4 卷，人民出版社，1958 年，第 341 ~ 342 页。

路，使它不能再用幻想来消灭‘市民’分裂为《bourgeois》〔‘资产者’〕和《prolétaires》〔‘无产者’〕的现象。”①

有关1848年革命，特别是它的过程展开，如果按照法国的路线来看的话，它不过是“法国工人阶级的失败和法国资产阶级的胜利”。没有一个欧洲国家再像法国一般，市民阶级向资本家和工人的两极分化进行得如此轰轰烈烈，也就是说，没有像法国一般进行过中间阶级历史分化的欧洲诸国，因此而决定性地夺取了解放的条件。

“法国工人阶级的失败和法国资产阶级的胜利，同时也就是那些用谋求解放的英勇行动来回答高卢雄鸡的叫声的民族遭受新的奴役。……法国工人阶级的失败和法国资产阶级的胜利，同时也就是欧洲各国曾经一度与人民结合起来用反对封建制度的流血起义来回答高卢雄鸡的叫声的中间阶级的失败。那不勒斯、维也纳、柏林！”② 因此，“欧洲的解放——不管是各被压迫民族争得独立，还是封建专制政体被推翻，都取决于法国工人阶级的胜利的起义”。③

但是，下面这点也是说得通的。“构成现代阶级斗争和民族斗争的物质基础的经济关系”在日渐发展起来，“工商业”的发展一刻都不曾停止。在《雇佣劳动与资本》中，马克思试图论证中间阶级，也就是“中世纪市民阶级”会被赋予历史性的没落的命运。即试图论证“各个中间市民阶级和所谓的市民等级在现存制度下必然发生的灭亡过程”。④

---

① 《巴黎“改革报”论法国状况》，《马克思恩格斯全集》第5卷，人民出版社，1958年，第531页。

② 《革命运动》，《马克思恩格斯全集》第6卷，人民出版社，1961年，第174页。

③ 《革命运动》，《马克思恩格斯全集》第6卷，人民出版社，1961年，第175页。

④ 《雇佣劳动与资本》，《马克思恩格斯文集》第1卷，人民出版社，2009年，第712页。

中等市民阶级的没落，不过是中间阶级进一步分化的开始。其分化过程中，产生出构成中间阶级的各类阶层。

b. 分化的进程

和其他阶级一样，中间阶级也并非同一性质的人口集团。在中间阶级的上层（工商业阶级）形成了资本家及其派别（工厂贵族、金融贵族）。与之相对应的，下层则会聚了农民、小本商人等小资本家。此两者的进一步分化在历史上是不可避免的。一方在竞争当中，上升为大资产阶级的话，另一方则在竞争中被挤入下层阶级中去。其分界线权且划在中间阶级的上层与下层之间。

马克思在对当时的政府预算案的批判中，鲜明地划定了这条分界线。

> 本财政年度的所得税，包括附加的9便士战时税在内，提供1600万英镑以上的岁入，这笔岁入来自社会各阶级，其分摊情况大致如下：
>
> 第一类——不动产……………………8 000 000英镑
>
> 第二类——农场主……………………1 000 000英镑
>
> 第三类——公债………………………2 000 000英镑
>
> 第四类——商界和自由职业界………4 000 000英镑
>
> 第五类——薪饷………………………1 000 000英镑
>
> ---
>
> 共计……………………16 000 000英镑
>
> 从这个表可以看出，所得税的负担完全落在上等和中等阶级的身上；的确，它2/3以上来自贵族和中等阶级上层的收入。但是，英国中等阶级的下层，一方面由于有其他的战时税，一方面又由于有昂贵的物价和高涨的贴现率，受所得税的折磨也是很厉害的，因此迫不及待地要把它摆脱掉。然而，要不是贵

> 族和中等阶级的上层极想抓住这个机会给自己狭隘的自私心戴上一副宽宏大量的博爱的假面具并摆脱他们无法转嫁给人民大众的捐税负担，因而带头鼓动，那么中等阶级的呼声未必能在报刊上反映出来，当然更谈不上在下院中反映出来了。[①]

根据马克思所划定的这条分界线，可以看出中间阶级暂且可分为上层和下层。首先，所谓中间阶级上层就是“资产阶级——其实只是资产阶级的上层”[②]，换言之，也就是工商业阶级，“工商业中间阶级即资产阶级”。[③]

中间阶级的上层的形态，决定了各国资本支配的特殊性。以下这段记述，是马克思对英法两国的资产阶级进行的比较，是在深知两国阶级支配的基础上进行的深刻对比。“在路易－菲力浦时代掌握统治权的不是法国资产阶级，而只是这个资产阶级中的一个集团：银行家、交易所大王、铁路大王、煤铁矿和森林的所有者以及一部分与他们有联系的土地所有者，即所谓金融贵族。他们坐上王位，他们在议会中任意制订法律，他们分配从内阁到烟草专卖局的各种公职。工业资产阶级是官方反对派中的一个部分，就是说，它的代表在议会中只占少数。”[④]

> 在英国，——法国最大的工厂主与他们的英国对手比起来

---

① 《英国的新预算》，《马克思恩格斯全集》第16卷，人民出版社，2007年，第54页。

② 《不列颠宪法》，《马克思恩格斯全集》第11卷，人民出版社，1962年，第109页。

③ 《选举中的舞弊》，《马克思恩格斯全集》第11卷，人民出版社，1995年，第436页。

④ 《革命的两年。1848年和1849年》，《马克思恩格斯全集》第10卷，人民出版社，1998年，第362页。

> 都是小资产者，——我们确实看到工厂主，例如某个科布顿或布莱特，带头对银行和交易所贵族举行十字军讨伐。为什么在法国没有这种情形呢？法国工业并不支配法国生产，所以法国工业家并不支配法国资产阶级。他们为了自己的利益不受资产阶级其他集团的侵犯，就不能像英国人那样站在运动的前头，并把自己的阶级利益提到第一位。[①]

法国的产业资产阶级为什么会忍受“在路易－菲力浦时期以排斥或支配资产阶级其余各个集团为基础的金融贵族的统治呢”？[②] 这个答案，正如我们所见到的，在于法国的产业资产阶级的历史性未成熟。

虽然说在法国，中间阶级的形态因为资产阶级内部的阶级关系也就是派别间的力量关系被赋予了历史的特殊性，但是在德国普鲁士，资产阶级与贵族阶级间的力量关系则看起来更为醒目。由于“资产阶级的实际上的软弱”，“他们既然不能在实际生活中向过时的制度进攻，就必须让那些在思想领域进攻这种制度的大胆的理想主义者优先”。[③]这是派生出 1848 年革命以前的政治情况的原因，也是 1848 年以后，由于“革命，或者毋宁说是它所产生的反革命”[④]，资产阶级允许贵族地主（容克）独占政治统治者地位，打消了自己的政治需求，被赶回去做他们“唯一在行的事情——商业和工业”

① 《1848 年至 1850 年的法兰西阶级斗争》，《马克思恩格斯全集》第 10 卷，人民出版社，1998 年，第 207 页。

② 《1848 年至 1850 年的法兰西阶级斗争》，《马克思恩格斯全集》第 10 卷，人民出版社，1998 年，第 206 页。

③ 《普鲁士状况》，《马克思恩格斯全集》第 12 卷，人民出版社，1962 年，第 727 页。

④ 《普鲁士状况》，《马克思恩格斯全集》第 12 卷，人民出版社，1962 年，第 728 页。

的原因。一方面，贯穿19世纪50年代令人炫目的“德国机器制造业”的“巨大的进步”带来了“普鲁士中间阶级的上升运动”；另一方面这种上层中间阶级的振兴也“伴随着下层中间阶级的破产和工人阶级的集聚”。“看一看那些昨天还是穷光蛋今天却是百万富翁的人吧。如果一个囊空如洗的人一夜之间变成了百万富翁，那必然要有一千个拥有一千元的人在一日之内沦为乞丐。……所以，小资产阶级的不满和工人阶级的集聚，在普鲁士最近十年当中是跟资产阶级的成长同时发展起来的。”①

现在，让我们将注视作为上层中间阶级的大资产阶级的视线投向下层中间阶级。下层中间阶级也就是小资产阶级，“农民、手工业者，一句话，对一切中等阶级下层分子的暴力剥夺”。②

历史上，“中世纪的行会力图用强制的办法防止手工业师傅转化为资本家，限定一个师傅可以雇用的劳动者的人数不得超过一个极小的最高限额”③，但是，当这样的历史进程发展到人为手段已经无法阻止的时候，中间阶级整体分化为上层与下层的进程便开始了。

> 封建贵族并不是被资产阶级所推翻的、其生活条件在现代资产阶级社会里日益恶化和消失的唯一阶级。中世纪的城关市民和小农等级是现代资产阶级的前身。在工商业不很发达的国家里，这个阶级还在新兴的资产阶级身旁勉强生存着。在现代文明已经发展的国家里，形成了一个新的小资产阶级，它摇摆于无产阶级和资产阶级之间，并且作为资产阶级社会的补充部分不断地重新组成。但是，这一阶级的成员经常被竞争抛到无产阶级队伍

---

① 《普鲁士状况》，《马克思恩格斯全集》第12卷，人民出版社，1962年，第730页。

② 《资本论》第1卷，人民出版社，2004年，第867页。

③ 《资本论》第1卷，人民出版社，2004年，第357页。

> 里去，而且，随着大工业的发展，他们甚至觉察到，他们很快就会完全失去他们作为现代社会中一个独立部分的地位，在商业、工场手工业和农业中很快就会被监工和雇员所代替。①

小资产阶级这个阶级部分，以“小农”形式蕴含着巨大的政治经济意义的国家，正是法国。马克思认为，正是这样的经济存在形式和政治意识，才是理解波拿巴主义的关键。

> 波拿巴代表一个阶级，而且是代表法国社会中人数最多的一个阶级——小农。……历史传统在法国农民中间造成了一种迷信，以为一个名叫拿破仑的人将会把一切美好的东西送还他们。②

马克思把“农民阶级对帝国的信赖”称为“农民信仰”，并且揭露了维持“这种农民信仰的出生地的状态”，助长农民的政治意识的，正是资产阶级。

这样的小资产阶级中存在的典型的政治意识，就是阶级对抗的主观超越。

> 民主党人代表小资产阶级，即体现两个阶级的利益互相削弱的那个过渡阶级，所以他们认为自己完全是站在阶级对抗之上。民主党人认为，和他们对立的是一个特权阶级，但他们和全国所有其他阶层一起构成了人民。③

---

① 《共产党宣言》，《马克思恩格斯文集》第2卷，人民出版社，2009年，第56页。

② 《路易·波拿巴的雾月十八日》，《马克思恩格斯全集》第11卷，人民出版社，1995年，第228~229页。

③ 《路易·波拿巴的雾月十八日》，《马克思恩格斯全集》第11卷，人民出版社，1995年，第165页。

在经济意识上，则表现为对于个人财产的执着。

> 在六月事变中，最狂热地为拯救财产和恢复信用而奋斗的，莫过于巴黎的小资产者——开咖啡店的、开餐馆的、开酒店的、小商人、小店主、小手工作坊主等等。①

下层资产阶级的特征就在于这种独立的经济关注和政治意识。

c. 分化的方向

中间阶级的分化主要有两个方向。大资产阶级是晋升为资本家的方向，农民和小资产阶级是向无产者跌落的方向。

> 以前的中间等级的下层，即小工业家、小商人和小食利者，手工业者和农民——所有这些阶级都降落到无产阶级的队伍里来了，有的是因为他们的小资本不足以经营大工业，经不起较大的资本家的竞争；有的是因为他们的手艺已经被新的生产方法弄得不值钱了。②

马克思还在英国的现状中观察分化的结束。“在世界各国当中，大不列颠是资本专横和劳动被奴役达到了顶点的国家。在其他任何一个国家中，对于统帅整批产业大军的百万富翁和勉强度日的雇佣奴隶之间的中间阶层，都没有消灭得这样彻底。这里不再有大陆各国那样的几乎在同等程度上依靠自己的财产和自己的劳动的人数众多的农民和手工业者阶级。在大不列颠，财产同劳动已经完全分离。在其他任何一个国家中，组成现代社会的两个阶级之间的战争

---

① 《1848 年至 1850 年的法兰西阶级斗争》，《马克思恩格斯全集》第 10 卷，人民出版社，1998 年，第 161 页。

② 《共产党宣言》，《马克思恩格斯文集》第 2 卷，人民出版社，2009 年，第 39 页。

都没有这样巨大的规模，没有这样清晰可见的轮廓。”①

有关这一点，德国的情况则显得不同。“德国资产阶级在政治上尚未形成阶级之前就同无产阶级处于对抗地位。”②

大资产阶级与资本家阶级

中间阶级分化的同时，伴随着大资产阶级也就是资本家阶级的发展，“资产阶级即资本愈发展”。

所谓资本家，权且将其视为包含“所有以某种方式在生产、商业和金融等部门执行职能的资本家”③ 意义的集合性概念。马克思则设定了三种资本家。

第一种叫作工业资本家，“这里所用的‘工业’［Industrie］是和‘农业’相对而言。就‘范畴’的含义来说，租地农场主和工厂主一样，也是工业资本家［industrieller Kapitalist，也译产业资本家］”。④

当然，马克思在这里谈到的“工厂主”，“我们所指的既不是中等的也不是小的工业家，而是……工业巨头”。⑤

有关“资本主义租地农场主的产生”和“工业资本家的产生”，马克思已经用《资本论》第 1 卷第 24 章中的一节进行了讨论，这里就不再赘述。

第二种叫作商业资本家阶级。“只要处在流通过程中的资本的这种职能作为一种特殊资本的特殊职能独立起来，作为一种由分工赋

---

① 《给工人议会的信》，《马克思恩格斯全集》第 13 卷，人民出版社，1998 年，第 136 页。

② 《道德化的批评和批评化的道德》，《马克思恩格斯全集》第 4 卷，人民出版社，1958 年，第 346 页。

③ 《资本论》第 1 卷，人民出版社，2004 年，第 513 页。

④ 《资本论》第 1 卷，人民出版社，2004 年，第 859 页，注 238。

⑤ 《1848 年至 1850 年的法兰西阶级斗争》，《马克思恩格斯全集》第 10 卷，人民出版社，1998 年，第 207 页。

予特殊一类资本家的职能固定下来，商品资本就成为商品经营资本或商业资本。"[①]

就好像工业资本家从"范畴上"来说也包括租地农场主一样，[②]商业资本家从"范畴上"来说也包括商品经营资本家和货币经营资本家。因为"商品经营资本的一部分，不仅要作为货币资本一般，而且要作为正在执行这些技术职能的货币资本，不断处于货币形式。现在，从总资本中有一定的部分在货币资本的形式上分离出来并独立起来，这种货币资本的资本职能，是专门替整个产业资本家和商业资本家阶级完成这些活动"。[③]

第三种叫作金融资本家阶级。在这里，为了同不考虑在生息资本和信用制度的基础上所讨论的货币经营资本加以区别，我们将"金融等部门执行职能的资本家"从更加现实的角度称为金融资本家。

> 随着物质财富的增长，货币资本家阶级也增长起来；第一，退出营业的资本家即食利者的人数和财富增加了；第二，信用制度更发展了，因此，银行家、货币贷放者、金融家等等的人数也增加了。[④]
>
> 随着大工业的发展，出现在市场上的货币资本，会越来越不由个别的资本家来代表，即越来越不由市场上现有资本的这个部分或那个部分的所有者来代表，而是越来越表现为一个集中的有组织的量，这个量和实际的生产完全不同，是受那些代表社会资本的银行家控制的。[⑤]

---

① 《资本论》第3卷，人民出版社，2004年，第298页。
② 《资本论》第1卷，人民出版社，2004年，第859页，注238。
③ 《资本论》第3卷，人民出版社，2004年，第351页。
④ 《资本论》第3卷，人民出版社，2004年，第577～578页。
⑤ 《资本论》第3卷，人民出版社，2004年，第413页。

这样，资本家阶级的传统区别就成立了。

资本家阶级的分化

随着私人企业向有限公司的转型，资本权利的掌控者也发生着巨大的变化。这就是经营管理者阶层的出现。即“一个人数众多的产业经理和商业经理阶级的形成”①。

马克思在构想《工人调查表》时，在提出“你在哪一个工业部分工作”这个最初的问题之后，他又提出如下的问题。“你所在的企业是私人资本家经营的，还是股份公司经营的？私人雇主或公司经理的名字叫什么？”②

这个问题暗示着，在私人企业向有限公司发展的这一历史趋势中，马克思对于资本权利的归属问题予以极大的关注。实际上，马克思将视线集中在当时取得了令人瞩目的发展的股份制银行 Crédit Mobilier 的身上，承认了“这些原则只是部分地得到了实现，但是将来它们会得到无比宽广的发展”这一理论性原理的可能性。他还主张：“Crédit Mobilier 是现代最不寻常的经济现象之一，应当最认真地加以研究。没有这种研究就既不可能判明法兰西帝国的前途，也不可能理解在整个欧洲出现的普遍的社会震荡的症状。”③

就像马克思所认同的那样，股份公司的登场，“不能否认，……标志着现代各国经济生活中的新时代”，“一方面，它显示出过去料想不到的联合的生产能力，并且使工业企业具有单个资本家力所不能及的规模；另一方面，不应当忘记，在股份公司中联合起来的不

① 《资本论》第 3 卷，人民出版社，2004 年，第 437 页。

② 《工人调查表》，《马克思恩格斯全集》第 25 卷，人民出版社，2001 年，第 427 页。

③ 《法国的 CRéDIT MOBILIER（第一篇论文）》，《马克思恩格斯全集》第 12 卷，人民出版社，1962 年，第 26 页。

是单个人，而是资本。由于这一套做法，私有者变成了股东，即变成了投机家。资本的积聚加速了，其必然结果就是，小资产阶级的破产也加速了。特种工业巨头出现了，他们的权力同他们的责任则成反比，因为他们只对他们所有的那一大宗股票负责，而支配的却是公司的全部资本。他们形成了比较固定的成员，而大多数股东却不断地变更。工业巨头依靠该公司的影响和财富，能够收买个别不安分的人。在寡头董事会之下的，是由进行实际工作的公司管理人员和职员组成的官僚集团，而直接在他们之下的，是大量的、与日俱增的普通雇佣工人"。①

由于这样的大型投资银行的设立，建立远远超越迄今为止的资金规模的巨型产业成为可能，例如，铁路、天然气、交通这样的公共事业。而且，极具特点的是，"由于这条铁路的营业范围大大扩大（其他铁路也是如此），股东的监督削弱了，总局几乎独揽全权，管理方面就开始出现滥用职权的现象"。②

马克思还这样评论了当时发生在伦敦英国皇家银行的滥用职权事件。"一小撮董事不需要特别巧妙的办法，只要用巨额的红利安慰公司的股东，用骗人的报告书引诱存户和新股东，就能把公司的资本侵吞。为此，只要懂得英国的法律就够了。英国皇家银行的事件所以轰动一时，与其说是由于资本的规模，倒不如说是由于被它吸收为股东和存户的小百姓的数量。这个企业的分工极为简单。它有两类董事：一类满足于把 1 万美元的年俸装入自己的腰包，而他们获得这笔收入是由于他们对银行的事情不闻不问，保持了自己良心的纯洁；另一类确实很想管理银行，但只是为了要当银行的主要账

---

① 《法国的 CRéDIT MOBILIER（第三篇论文）》，《马克思恩格斯全集》第 12 卷，人民出版社，1962 年，第 37 ~ 38 页。

② 《铁路统计资料》，《马克思恩格斯全集》第 15 卷，人民出版社，1963 年，第 475 页。

户，或者确切些说，当掠夺者。由于这后一类董事在贷款方面要依赖经理，所以他们一开始就使经理自己有获得贷款的可能。除了经理以外，他们同样还要把自己的秘密告诉银行的监事和法律顾问，监事和法律顾问因而以贷款形式获得贿赂。董事和经理除了得到银行贷给他们本人及其亲属的贷款以外，还假立许多户头窃取贷款。现在全部已付的资本为 15 万英镑，其中 121840 英镑已直接或间接地被董事们据为己有。”①

马克思由此暴露了董事和经理这样的经营管理者阶级的神秘性。他在《资本论》中揭露“它（股份公司制度——译者注）再生产出了一种新的金融贵族，一种新的寄生虫，——发起人、创业人和徒有其名的董事；并在创立公司、发行股票和进行股票交易方面再生产出了一整套投机和欺诈活动”② 这一事实时，在他的脑中浮现的是，因为上述这般的滥用职权事件而领悟到的经营者权利的实质。

从这样的滥用职权事件中可以看到，经营者才是作为在股份公司制度下的资本权利的掌控者，能够“捞取营业中的最大好处”的最大的阶级，这件事并不值得大惊小怪。因为“在社会生活的各方面，有很大的一部分落入中间人的手里。例如，在经济方面，金融家、交易所经纪人、大小商人捞取营业中的最大好处；在民法方面，律师敲诈诉讼双方；在政治方面，议员比选举人重要，大臣比君主重要；在宗教方面，上帝被‘中介人’挤到次要地位，而后者又被牧师挤到次要地位，牧师又是善良的牧羊人和他的羊群之间的必然的中间人”。③ 这是因为，如果说私人股东不过是资本权利名义上的掌控者，那么取而代之的经营者就是实质上的掌控者；如果说并不

① 《欧洲的经济危机》，《马克思恩格斯全集》第 12 卷，人民出版社，1962 年，第 55 ~ 56 页。

② 《资本论》第 3 卷，人民出版社，2004 年，第 497 页。

③ 《资本论》第 1 卷，人民出版社，2004 年，第 854 页，注 229。

是股东而是经营者得到“很大的一部分”，那么经营者就是站在股东与营业间的中介人。

但是，他们的意识是独特的。他们的特殊意识，首先催生出“经营本领”。就算以“假定劳动的剥削程度相同”为前提，“利润率仍然可以有很大的差别，这取决于采购的原料的价格的贵贱，原料采购人员的内行程度；取决于所使用的机器的生产效率、适用程度和便宜程度；取决于生产过程各个阶段的总安排的完善程度，即原料的浪费是否被杜绝，指挥和监督是否简单而有效，等等。总之，如果一定量可变资本的剩余价值已定，这个剩余价值会表现为多大的利润率，从而会提供多大的利润量，在很大的程度上还要取决于资本家自己或他的经理和职员的经营本领。……（在考察利润率不同的两个企业时，其利润率的差异。——译者注）也可以只是来源于两个企业的经营技巧上的差别。这一情况使资本家产生了错觉，使他相信，他的利润不是来自对劳动的剥削，而是至少有一部分也来自与此无关的另外一些事情，特别是来自他个人的活动”。①

企业的成功都是靠自己的“经营手腕”，这是经营者们共通的意识。

而且，拿经营者个人来说，这种“经营手腕”就是保证他们光辉未来的基本，他们可以据此完成向资本家阶级的阶级流动。就像马克思所说的那样，“一个没有财产但精明强干、稳重可靠、有能力和经营知识的人”，可以被“相信他会用借来的资本执行资本家的职能”，这就是经营者所处的状况。他们“通过这种方式也能成为资本家，……（这种情况。——译者注）巩固了资本本身的统治，扩大了它的基础，使它能够从社会下层不断得到新的力量来补

① 《资本论》第3卷，人民出版社，2004年，第154～155页。

充自己”。[①]

作为经营者阶级的意识形态的能力主义，就是在这样的背景下得到认同的。

政治统治、经济支配、文化代表

资产阶级在经济上成为占优势的社会势力，在政治上也成长为支配阶级，但是“我们的产业资本家远没有因此去‘从事政务或研究哲学’”。[②] 马克思之所以这么说，是因为他考虑到议会外的经济支配阶级和议会内的政治统治阶级并不一定一致。

这就像英国一样。“不列颠宪法其实只是非正式执政的，但实际上是在资产阶级社会一切决定性领域居统治地位的资产阶级和正式执政的土地贵族之间的由来已久的、过时的、不合时宜的妥协。”[③]

19 世纪的英国政治，有着周期性的“内阁危机”以及随之产生的各种“联合政府”的特征，究其原因还是在此。“执政集团（这帮人在英国同统治阶级极不相称）在它还没有最后丧失治国能力的时候，不得不忽而进行这种联合，忽而进行那种联合。”[④]

比如说，马克思对于发生在 1855 年 5 月的伦敦事件赞赏道：“西蒂区上星期六在伦敦饭店和金碧大厦举行了自己的群众集会，成立了‘行政改革协会’，它在目前担任倡导的功绩在于：这是英国非常罕见的新鲜事物——无前例的事件”[⑤]，但是他将“西蒂运动的重

---

① 《资本论》第 3 卷，人民出版社，2004 年，第 679 页。

② 《资本论》第 3 卷，人民出版社，2004 年，第 434 页。

③ 《不列颠宪法》，《马克思恩格斯全集》第 14 卷，人民出版社，2013 年，第 187 页。

④ 《政党和集团》，《马克思恩格斯全集》第 11 卷，人民出版社，1962 年，第 50 页。

⑤ 《论鼓动运动的历史》，《马克思恩格斯全集》第 11 卷，人民出版社，1962 年，第 227 页。

要性”归结于“分裂了议会外的统治阶级和议会内的执政阶级”。[①]

但是必须注意的是，“议会外的一切运动在议会内采取的形式，就是执政阶级的两个派别之间的争吵。反谷物法同盟在辉格党人的手里成了推翻托利党人的手段。行政改革协会在托利党人的手里将成为推翻辉格党人的手段。只是不应当忘记：旧制度的基础就这样一个接着一个地被这两个派别轮流拿着去作牺牲，然而我们可以补充说一句，制度本身却仍然保持着”。[②]

也就是说，统治阶级内部的多元性，并不能超越统治构造的框架。那么在这样的框架中，政治上的统治阶级是如何存在的呢？

“目前，英国正呈现出一幅国家上层发生瓦解而社会下层却似乎全都静止不动的奇特景象。”[③]在由此被提起的英国国内的政党政治的形势分析中，可以见到马克思对于被暴露于变化中的政治统治阶级的尖锐批判。“英国这两个执政的寡头政党，早已变成没有任何明确原则的单纯的派系了。它们在试图先联合一致、然后建立专政的努力遭到失败以后，现在已落到这种地步，即它们只有把它们的共同利益奉送给共同的敌人——在下院拥有约翰·布莱特这样强有力的代表的激进资产阶级政党，才能指望延长各自的寿命。到目前为止，托利党是以贵族阶级名义执政的一群贵族，辉格党是以资产阶级名义执政的一群贵族；但是资产阶级既已开始以自己的名义执政，辉格党就无事可做了。……辉格派并入托利派，并且共同转变为与新兴的资产阶级政党（它在自己的领袖领导下，打着自己的旗帜、喊着自己的口号进行活动）相对立的贵族阶级政党——这就是我们

① 《论鼓动运动的历史》，《马克思恩格斯全集》第14卷，人民出版社，2013年，第353页。

② 《〈晨邮报〉反对普鲁士。——辉格党和托利党》，《马克思恩格斯全集》第14卷，人民出版社，2013年，第368页。

③ 《英国的政党。——欧洲状况》，《马克思恩格斯全集》第12卷，人民出版社，1962年，第538页。

目前在英国所看到的过程。”①

资产阶级若想作为政治阶级得以自立，那么就不可借助其他阶级的帮助，并且必须以独立的势力在政治上代表阶级利益。在此之上，不仅仅要发现其他阶级的利益，更要进一步发现广泛包容了自我内部的派别性需求的“共同阶级利益”，并在政治上代表它。在法国就是如此。

“议会制共和国已不仅是法国资产阶级中的两派（正统派与奥尔良派，即大地产与工业）能够平分秋色的中立地盘。它并且是他们共同进行统治的必要条件，是他们的共同阶级利益借以支配资产阶级各派的要求和社会其他一切阶级的唯一的国家形式。”② 在危机时代，这样的利益整合是不难达成的。“资本想先发制人，但是失败了。十小时工作日法令于 1848 年 5 月 1 日生效。但这时，宪章派也失败了。他们的领袖被关进监狱，他们的组织遭到破坏。宪章派的失败已经动摇了英国工人阶级的自信心。不久，巴黎的六月起义和对起义的血腥镇压，使欧洲大陆和英国的统治阶级的一切派别——土地所有者和资本家，交易所豺狼和小商人，保护关税论者和自由贸易论者，政府和反对派，教士和自由思想者，年轻的娼妇和年老的修女——都在拯救财产、宗教、家庭和社会的共同口号下联合起来了！”③

那么接下来，经济上的支配阶级又是什么呢？

马克思在论及“贵族的政府”如何被“寡头政治”支配时，列举了议会内“由斯科菲尔德领导的第三个委员会，研究食品、饮料和一切与饮食有关的商品的掺假问题”，并且指出：“商业就好像是一个

① 《英国的政党。——欧洲状况》，《马克思恩格斯全集》第 12 卷，人民出版社，1962 年，第 539 页。

② 《路易·波拿巴的雾月十八日》，《马克思恩格斯全集》第 11 卷，人民出版社，1995 年，第 203 页。

③ 《资本论》第 1 卷，人民出版社，2004 年，第 329 页。

庞大的欺骗实验室，价目表是掺假的物品的吓人的一览表，自由竞争则是进行毒害和遭受毒害的自由。”[①] 他还斥责支配了商业的阶级的所作所为，指出半年来的《工厂视察员的工作报告》已经呈交议会两院，以及那份工业通报中的“由于机器而发生的不幸事故”部分“比关于克里木战役的任何一份通报都更可怕、更吓人”，之后，马克思说道：“罗巴克委员会和英国寡头政治！斯科菲尔德委员会和英国商业阶级！工厂视察员的报告和英国厂主们！在这三个标题下可以明显地看出现时大不列颠统治阶级的生理现象。”[②] 可以看出，马克思是将英国统治阶级作为政治统治阶级和经济支配阶级的同盟来考虑的。

那么，经济上进行统治的阶级的利益在政治上是以何种形式被代表的呢？作为说明这一问题的例证之一，马克思考察了格莱斯顿在当时提出的预算方案。也就是说，这个预算是阶级的预算，是由贵族执笔写出的资产阶级的预算，马克思通过年度支出和收入、财政方案（所得税、遗产税、印花税、广告税、人寿保险税、酒精税）这几个方面对此预算进行了论述。

> 这个东西貌似冠冕堂皇头头是道，开列了一些天花乱坠的条款。但是，它给这个国家的工人阶级带来了什么实际的好处呢？减轻了什么实际的困苦呢？唯一可以摸得到的一点实际的东西是肥皂税和茶叶税的降低，但由此而减轻的负担实在是微不足道。处处都精心划定了限度，超出限度工人就会得益，贵族和中等阶级就要受损；所以竭力避免超过这个限度。[③]

---

① 《帕麦斯顿。——大不列颠统治阶级的生理现象》，《马克思恩格斯全集》第11卷，人民出版社，1962年，第426页。

② 《帕麦斯顿。——大不列颠统治阶级的生理现象》，《马克思恩格斯全集》第11卷，人民出版社，1962年，第427～428页。

③ 《英镑、先令、便士，或阶级的预算，和此预算为谁减轻负担》，《马克思恩格斯全集》第12卷，人民出版社，1998年，第659页。

在马克思的论述中，与经济上的支配阶级和政治上的统治阶级相并列的，是在文化上代表了阶级利益的人们。“同样，也不应该认为，所有的民主派代表人物都是小店主或崇拜小店主的人。按照他们所受的教育和个人的地位来说，他们可能和小店主相隔天壤。使他们成为小资产者代表人物的是下面这样一种情况：他们的思想不能越出小资产者的生活所越不出的界限，因此他们在理论上得出的任务和解决办法，也就是小资产者的物质利益和社会地位在实际生活上引导他们得出的任务和解决办法。一般说来，一个阶级的政治代表和著作代表同他们所代表的阶级间的关系，都是这样。”①

如果要列举一个此类意义上的文化代表者，那么可以说说古典派的经济学者。“古典派如亚当·斯密和李嘉图，他们代表着一个还在同封建社会的残余进行斗争、力图清洗经济关系上的封建污垢、提高生产力、使工商业获得新的发展的资产阶级。”②

如果离开科学的世界来看的话，有着作为“伦敦的资产阶级的报纸”——《泰晤士报》——的先例，如果把眼光投向文学的世界，更有着“资产阶级的作家（例如，布来辛顿伯爵夫人、查理·狄更斯、道·杰罗尔德和库伯的其他‘朋友’）”③ 这样的例子。无论如何，马克思捕捉到统治阶级的多元性构成。

下层阶级

社会的下层存在着“群众”。接近“群众”的实际状态，就是

① 《路易·波拿巴的雾月十八日》，《马克思恩格斯全集》第 11 卷，人民出版社，1995 年，第 162 页。

② 《哲学的贫困》，《马克思恩格斯文集》第 1 卷，人民出版社，2009 年，第 615 页。

③ 《布鲁塞尔的德国民主主义者—共产主义者给菲格斯·奥康瑙尔先生的信》，《马克思恩格斯全集》第 4 卷，人民出版社，1958 年，第 28 页。

下述文中的目的。

下层阶级和无产阶级

马克思虽然经常说“无产阶级，现今社会的最下层”[①]，但是他所思考的无产阶级，并不是仅限定于近代社会或者现代社会。“封建主义也有过自己的无产阶级，即包含着资产阶级的一切萌芽的农奴等级。”[②] 另外，“有一个本身是封建时期无产阶级残存物的无产阶级相伴随”。[③]

近代无产阶级，在前近代无产阶级的尸体上得以发展，“随着资产阶级的发展，在它的内部发展着一个新的无产阶级，即现代无产阶级”。[④]

进一步究其溯源的话，古代无产阶级，即“罗马的无产阶级”[⑤]，甚至也是在马克思议论的范畴之内的。

无产阶级与雇佣工人阶级

如果说古代无产阶级是奴隶，中世纪无产阶级是农奴，那么近代无产阶级可以说是工人，在经济学上的严密定义中则是雇佣工人，“无产阶级即现代工人阶级”。[⑥] 马克思在《资本论》中谈到“资本

---

① 《共产党宣言》，《马克思恩格斯文集》第 2 卷，人民出版社，2009 年，第 42 页。

② 《哲学的贫困》，《马克思恩格斯文集》第 1 卷，人民出版社，2009 年，第 613 页。

③ 《哲学的贫困》，《马克思恩格斯文集》第 1 卷，人民出版社，2009 年，第 614 页。

④ 《哲学的贫困》，《马克思恩格斯文集》第 1 卷，人民出版社，2009 年，第 614 页。

⑤ 《〈路易·波拿巴的雾月十八日〉1869 年第二版序言》，《马克思恩格斯文集》第 2 卷，人民出版社，2009 年，第 467 页。

⑥ 《共产党宣言》，《马克思恩格斯文集》第 2 卷，人民出版社，2009 年，第 38 页。

的积累就是无产阶级的增加”[①]之后，还附了如下的注释：“‘无产者’在经济学上只能理解为生产和增殖‘资本’的雇佣工人，只要他对‘资本先生’（贝魁尔对这种人的称呼）的价值增殖的需要成为多余时，就被抛向街头。”[②]

近代无产阶级的历史起源是双重的。第一起源是“封建主遣散了无数的侍从，其中的下层人员在未进入作坊之前变成了流浪汉。在手工作坊建立以前，15 世纪和 16 世纪中流浪现象是极为普遍的”。第二个起源是“作坊还找到了大量的农民这个强有力的支柱，数百年来，由于耕地变成了牧场以及农业进步减少了耕作所需要的人手，大批农民不断被赶出乡村而流入城市”。正是这两个历史起源而造成的“被剥夺了收入来源的大批人口”的出现，造就了“工场手工业形成的历史条件”，并与之一同成为近代无产阶级的历史出发点。[③]

《哲学的贫困》中的这种认识，在《资本论》中也被反复强调。

虽然说被称作“为资本主义生产方式奠定基础的变革的序幕”的，是“15 世纪最后 30 多年和 16 世纪最初几十年”中，“大量不受法律保护的无产者被抛向劳动市场”，但是这“决不是这件事情的惟一原因”。[④]不如说，“同王室和议会顽强对抗的大封建主，通过把农民从土地（农民对土地享有和封建主一样的封建权利）上强行赶走，夺去他们的公有地的办法，造成了人数更多得无比的无产阶级”[⑤]，“对农村居民断断续续的、一再重复的剥夺和驱逐，不断地为城市工业提供大批完全处于行会关系之外的无产者”。[⑥]

① 《资本论》第 1 卷，人民出版社，2004 年，第 709 页。

② 《资本论》第 1 卷，人民出版社，2004 年，第 709 页，注 70。

③ 《哲学的贫困》，《马克思恩格斯文集》第 1 卷，人民出版社，2009 年，第 625 页。

④ 《资本论》第 1 卷，人民出版社，2004 年，第 825 页。

⑤ 《资本论》第 1 卷，人民出版社，2004 年，第 825 页。

⑥ 《资本论》第 1 卷，人民出版社，2004 年，第 854 页。

在这样的意义上，无产阶级就是雇佣工人。但是，无产阶级自身，原本也不是雇佣工人。为了将他们训练成雇佣工人，长时间的、有形无形的强制则是必要的。“我们考察了不受法律保护的无产者怎样通过暴力产生，考察了使他们转化为雇佣工人的血腥纪律，考察了国家用警察手段加强对劳动的剥削程度来提高资本积累的无耻行为”，马克思这样回顾了过去的论证之后，又在《资本论》第24章第2节中议论了“不受法律保护的无产者怎样通过暴力产生”，还在同章第3节中详细记述了“使他们转化为雇佣工人的血腥纪律”。但是，采取这样赤裸裸的高压手段，仅仅限于资本主义生产过程中的历史草创期或者其体制面临危机局面的时期。在安定的资本主义体制下，无产阶级向雇佣工人的日复一日的历史转化，并非通过暴力的血腥手段，而是通过“教育、传统、习惯”这样和平的文化手段或者机构来执行。①

所谓维持体制，就是指将日常的生产关系不断地进行再生产，这与在一定的阶级关系中，雇佣工人在自己的日常生活中把自己作为雇佣工人再生产是同义的。

工人阶级的各阶层

马克思有关工人情况的论述的特点在于，第一，意识到工人阶级由无数阶层构成而具有多重性；第二，意识到由于将工人阶级置于无限的竞争中而产生相互对立的个人的集团。

在这里，我们先看看与工人阶级相关的马克思的“成层”论，也就是马克思将工人阶级作为各类阶层的多重构造来考虑的这一观点。

马克思的议论明确了划在工人阶级中的各种各样的分界线。区

① 《资本论》第1卷，人民出版社，2004年，第846~851页。

别各阶层的第一分界线，就是对应劳动市场中由“取得自己劳动力的价值”的力量强弱而决定的阶层间的分界线。“较高级劳动和简单劳动，熟练劳动和非熟练劳动之间的区别，……有一部分则是基于下面这样的事实：工人阶级的某些阶层处于更加无依无靠的地位，比别人更难于取得自己劳动力的价值。”①

因此，这样的分界首先具体表现在工资的高低上。根据马克思的观察，“煤矿以及其他矿山的工人是属于不列颠无产阶级中报酬最优厚的一类工人”②，《资本论》第1卷第23章第5节（d）以“危机对工人阶级中报酬最优厚的部分的影响”为题，其中甚至将“工人阶级中报酬最优厚的部分”称为“工人阶级的贵族”。③与之相对，在《资本论》第1卷第23章第5节（b）中，就像其题目所说的那样，马克思将目光投向了“不列颠工业工人阶级中报酬微薄的阶层”。④

除此之外，他还观察到，“真正的商业工人是属于报酬比较优厚的那一类雇佣工人，他们的劳动是熟练劳动，高于平均劳动”。⑤

但是，如果仔细地阅读马克思对实际情况的分析，就可以明白他的主张是“为了全面说明积累的规律，还必须注意工人在厂外的状况，他们营养和居住的状况”。⑥而且事实上，他也是非常细致地做了这项工作。换言之，分界线的划分不仅仅是工资，它是被划在包括劳动条件和生活条件在内的现役工人间的。这一点在马克思的议论中得到充分的体现。划定在劳动市场内部的这条分界线，延伸到劳动市场的外部，即马克思所说的“相对过剩人口的各种存在形

① 《资本论》第1卷，人民出版社，2004年，第230页，注18。
② 《资本论》第1卷，人民出版社，2004年，第766页。
③ 《资本论》第1卷，人民出版社，2004年，第769页。
④ 《资本论》第1卷，人民出版社，2004年，第754页。
⑤ 《资本论》第3卷，人民出版社，2004年，第335页。
⑥ 《资本论》第1卷，人民出版社，2004年，第752~753页。

式”：流动形式的相对过剩人口（一旦成人就被解雇的少年工人，其成员迅速耗损，但是它的人数不断增大的形态）、潜在形态的相对过剩人口（向城市无产阶级转化的农村过剩人口）、停滞形态的相对过剩人口（现役劳动军的一部分，就业极不规则），其中，相对过剩人口的最底层就是“赤贫”这一类别，这在现代也没有失去其意义。被迫结婚辞职的普通女性职员、大量被雇佣和被解雇的主妇临时工、农村出来的打工者或季节性工人、临时滞留的外国工人、其他无数的不稳定就业者，还有被怀疑是骗取冒领，生活水平被限制到最低的低保人员。我们可以从马克思的主张中看出，区别于就业者阶层的不稳定就业者阶层与最低生活保障者阶层，其内部存在着更多的分界线。①

马克思所主张的第二条阶层分界线是基于技能和技术的。这种从技能由来的工人分化，即便看起来是多么虚无缥缈，仅仅是由于传统习惯而产生的区别，但是在工场手工业中依然能找到其历史根据，“真正的工场手工业不仅使以前独立的工人服从资本的指挥和纪律，而且还在工人自己中间造成了等级的划分”。②“因为总体工人的各种职能有的比较简单，有的比较复杂，有的比较低级，有的比较高级，所以他的器官，即各个劳动力，需要极不相同的教育程度，从而具有极不相同的价值。因此，工场手工业发展了一种劳动力的等级制度，与此相适应的是一种工资的等级制度。一方面，单个工人适应于一种片面的职能，终生从事这种职能；另一方面，各种劳动操作，也要适应这种由先天的和后天的技能构成的等级制度。……因此，工场手工业在它掌握的每种手工业中，造成了一类所谓的非熟练工人，这些工人是手工业生产极端排斥的。……与等级制度的阶梯相并列，工人简单地分为熟

---

① 《资本论》第1卷，人民出版社，2004年，第738~741页。

② 《资本论》第1卷，人民出版社，2004年，第417页。

练工人和非熟练工人。”①

将劳动者阶级根据熟练程度加以划分的技能分界线，在工场手工业分工的基础上被导入，成为具有支配性的因素。但是，在这个阶段中，“由于熟练工人具有压倒优势的影响，非熟练工人的人数仍然极其有限”，因此“对妇女和儿童进行剥削”，会“由于习惯和男工的反抗而遭到破坏”。②

突破这一限制的，则是机器的导入，是从工场手工业向工厂的历史性转移。同时，在技能的分界线中，新加入技术分界线。

“就分工在自动工厂里重新出现而言，……工场手工业的有组织的小组被一个主要工人同少数助手的联系代替了。重大的差别是实际操作工作机的工人（包括某些看管发动机或给发动机添料的工人）和这些机器工人的单纯下手（几乎完全是儿童）之间的差别。所有‘feeders’（单纯给机器添劳动材料的人）或多或少地都算在这种下手之内。除了这两类主要工人外，还有为数不多的负责检查和经常修理全部机器的人员，如工程师、机械师、细木工等等。这一类是高级的工人，其中一部分人有科学知识，一部分人有手艺，他们不属于工厂工人的范围，而只是同工厂工人聚集在一起。这种分工是纯技术性的。”③

主要工人与辅助工人、工厂工人与技术工人的区别，是根据技术分界线而被划定的工人间的新区分，但是常常与这种区分相混淆的是根据社会分工的区分。对于当时发表的“把工厂管理人员、营业员、外勤人员、仓库管理员、包装工等，总而言之，把工厂主以外的一切人都列入工厂工人的范畴”这一议会报告，马克思作了

① 《资本论》第1卷，人民出版社，2004年，第405～406页。
② 《资本论》第1卷，人民出版社，2004年，第425页。
③ 《资本论》第1卷，人民出版社，2004年，第483～484页。

“这表明在统计上有意制造骗局”的批判。[①] 这是因为这份报告故意将技术分界和社会分界混淆。

明确表现出因社会分工而产生阶层分化的例证，是在生产过程中从事生产的生产工人和不从事生产的商业工人的区别。

马克思在《资本论》中谈到“真正的商业工人”的命运。曾经“属于报酬比较优厚的那一类雇佣工人”，并且“劳动是熟练劳动，高于平均劳动”的商业工人，一部分“由于事务所内部的分工”，“资本主义生产方式越是使教学方法等等面向实践，随着科学和国民教育的进步，基础教育、商业知识和语言知识等等，就会越来越迅速地、容易地、普遍地、便宜地再生产出来”，因此他们的阶层地位迅速地下降了。[②]

他所指出的这种情况，多少和现代的白领们所经受的命运有共通之处。恩格斯在书中所加的注释，已经明确地表示出这一点。“这个在 1865 年作出的关于商业无产阶级命运的预言，怎样为以后的事实所证实，关于这一点，成百上千的德国店员都有亲身体验。他们熟悉一切商业业务，掌握三四种语言，但在伦敦西蒂区却找不到一个每周挣 25 先令工资（远远低于熟练的机器制造工人的工资）的工作。”[③]

机器大工业时代中进一步导入新的社会分化，这是根据性别和年龄而产生的分化。

“（在机器大工业中。——译者注）代替工场手工业所特有的专业化工人的等级制度的，是机器的助手所要完成的各种劳动的平等化或均等化的趋势，代替局部工人之间的人为差别的，主要是年龄

① 《资本论》第 1 卷，人民出版社，2004 年，第 484 页，注 181。
② 《资本论》第 3 卷，人民出版社，2004 年，第 335 页。
③ 《资本论》第 3 卷，人民出版社，2004 年，第 335 页，注 39a。

和性别的自然差别”①，而“分工的计划总是把基点放在使用妇女劳动、各种年龄的儿童劳动和非熟练工人劳动上，总之，放在使用英国人所谓的‘廉价劳动’上”。②

试图利用妇女劳动力和少年劳动力的动机并不一定是限定在技术问题上。

“机器使儿童和妇女以压倒的多数加入结合劳动人员中，终于打破了男工在工场手工业时期仍在进行的对资本专制的反抗”③，马克思在写下这段话之后，又加上如下让人印象深刻的从某参考文献中摘出的话。“工厂主伊·先生对我说，他只使用妇女来操纵他的机械织机；他喜欢使用已婚的妇女，特别是必须养家活口的妇女；这种妇女比未婚的妇女更专心、更听话，她们不得不尽最大努力去取得必要的生活资料。这样一来，美德，女性特有的美德，反而害了她们自己，她们恭顺温柔的天性，竟成为使她们受奴役和受苦难的手段。”④

对于资本来说，妇女劳动力的益处在那个时代就已经被发现了。

如果对妇女劳动和少年劳动的利用开展得热火朝天，那么其必然会激化工人间的竞争。

一般来说，“资本消费劳动力是如此迅速，以致工人到了中年通常就已经多少衰老了。他落入过剩者的队伍，或者从较高的等级被排挤到较低的等级”。⑤ 这样，年轻工人欣喜地取代了中年工人职位，在缝纫机劳动中就上演着这样的职位争夺战。

“缝纫机对工人的直接影响，同所有在大工业时期征服新生产部

---

① 《资本论》第1卷，人民出版社，2004年，第483页。

② 《资本论》第1卷，人民出版社，2004年，第531页。

③ 《资本论》第1卷，人民出版社，2004年，第463页。

④ 《资本论》第1卷，人民出版社，2004年，第463页，注142。

⑤ 《资本论》第1卷，人民出版社，2004年，第739页。

门的机器的影响大体相似。年龄最小的儿童被排挤了。同家庭工人（其中很多人都是‘穷人中的最穷者’）相比，机器工人的工资提高了。处境较好的手工业者的工资由于机器的竞争而降低了。新的机器工人完全是少女和年轻妇女。她们靠机械的力量消灭了男工在较重的劳动中的独霸地位，并且把大批老年妇女和未成熟儿童从较轻的劳动中赶走。这种强有力的竞争扼杀了最弱的手工工人。最近10年来伦敦因饥饿而死亡的人数的惊人增长，同机器缝纫业的扩大是齐头并进的。”①

就这样工人阶级因各种各样的基准而变得阶层化。如果以每个人的生活环境都存在明显的阶层差距为前提，那么自然而然，每个人的品质或者生活态度都将被刻上那个阶层所处的生活条件的深刻印记。

对于“英国的书籍印刷所”中印刷机的登场，以及相继出现的学徒制度的崩塌给工人带来的影响，马克思说道：“过去在英国的印刷业中，同旧的工场手工业和手工业制度相适应，学徒工是从比较简单的活过渡到比较复杂的活。他们经过一段学习时期，最终就成为熟练的印刷工人。凡从事这门手工业的人，都必须能读会写。随着印刷机的出现，一切都变了。……他们当中大部分人不识字，他们通常都是非常粗野的、反常的人。……当他们长大到不适于从事儿童劳动时，也就是最迟到17岁时，就被印刷厂解雇。他们成为罪犯的补充队。企图在别的地方为他们找到职业的某些尝试，也都由于他们的无知、粗野、体力衰退和精神堕落而遭到了失败。”②

作为说明“过度劳动、繁重的和不适当的劳动以及那些从幼年起就被使用的工人在这方面所受到的摧残”的例证，马克思谈到

① 《资本论》第1卷，人民出版社，2004年，第543页。
② 《资本论》第1卷，人民出版社，2004年，第558页。

“砖瓦工场”部门。[①] 关于在砖瓦工场的普通男女儿童的长时间劳动，马克思借用了童工调查委员会的报告，引用了如下一节。“通过制砖工场这座炼狱，儿童在道德上没有不极端堕落的…… 他们从幼年起就听惯了各种下流话，他们在各种卑劣、猥亵、无耻的习惯中野蛮无知地长大，这就使他们日后变成无法无天、放荡成性的无赖汉…… 他们的居住方式是道德败坏的一个可怕根源。……雇用少女干这种活的最大弊病就是，这种情况往往使她们从幼年起就终生沦为放荡成性的败类。在自然使她们懂得自己是个女人之前，她们已经变成粗鲁的、出言下流的男孩子。她们身上披着几块肮脏的布片，裸露大腿，蓬头垢面，根本不在乎什么端庄和羞耻。吃饭的时候，她们伸开四肢躺在田野上，或者偷看在附近运河里洗澡的小伙子。她们干完了白天的重活，就换一身好一点的衣服，陪着男人上酒馆。”在这段引用之后，马克思还加上了一句话：“所有这种工人从幼年起都酗酒，这完全是很自然的事。”[②]

在当时有关“城市中较贫穷的阶级的居住条件”的调查中，其虽然指出“在伦敦，大约有20个大的贫民区”的事实，但这对于证明生活态度的阶层性也是十分有用的。马克思从《公共卫生。第8号报告》中援引了执行这个调查的朱利安·汉特医生的报告：“我们不知道，在这种贫民密集成堆的时期以前，孩子们是怎样被教养成人的。现在，孩子们同各种年龄的人混到深更半夜，酗酒，猥亵，吵架，他们就是这样在我国史无前例的环境下受着使他们将来成为危险阶级人物的教育；要是有谁敢预断这样的孩子将来会有怎样的品行，那他就是个大胆的预言家。”[③]

从以上这个例子可以看到的是这样的事实。在今日或许会被称

---

① 《资本论》第1卷，人民出版社，2004年，第533页。

② 《资本论》第1卷，人民出版社，2004年，第534页。

③ 《资本论》第1卷，人民出版社，2004年，第759页，注117。

为“底层文化”的，当时在最下层工人阶级中扩散的特殊生活习惯和生活态度，是该阶层在当时所处的现实劳动条件和生活条件的必然产物。如果各阶层的生活环境不同，那么各阶层的生活状态上的不同则是不难想象的。如果生活状态在各阶层间存在差异，那么对于该阶层的个人来说，从中能获得的理性生活态度也会产生阶层差距。就连知性的发展，也难免会产生阶层差异。在工人阶级的最下层，“就人为地造成了智力的荒废”，而“这和自然的无知完全不同，后者把智力闲置起来，并没有损坏它的发展能力、它的自然肥力本身”。[①] 这种对智力的荒废就重重地压在不幸的工人身上。

工人阶级内部的竞争和连带关系

如果将工人作为自在的阶级存在来看，他们一方面被置于同等工人间的对立和竞争中；另一方面还承受了来自其他阶级或者同一阶级的人们的各式各样的剥削。但是，工人自身为克服这种状况也在不断努力。我们首先要理解的是，工人是生活在这样错综复杂的状况中的。

我们先来看看工人间的竞争和他们所承受的附属剥削。

工人阶级只能通过将自己的劳动力带进劳动市场来过活。在这种情况下，劳动力商品及其所有者在劳动市场中所背负的命运，与其他任何一种商品和商品所有者在商品市场中所背负的命运别无二致。“说到供给和需求，那么供给等于某种商品的卖者或生产者的总和，需求等于这同一种商品的买者或消费者（包括个人消费和生产消费）的总和。而且，这两个总和是作为两个统一体，两个集合力量来互相发生作用的。个人在这里不过是作为社会力量的一个部分，作为总体的一个原子来发生作用，并且也就是在这个形式上，竞争

① 《资本论》第1卷，人民出版社，2004年，第460页。

显示出生产和消费的社会性质。”[①] 也就是说，在劳动市场中劳动个人的情况也是如此，他或者她，在根据劳动力需求和劳动力供给（他们自身也是其中一部分）而被构成的压倒性的“集合力”或者“社会力量”面前，只能作为那其中的一个“部分”来感知自己的“社会性质”。工人个人不过是被分离出来的“总体的一个原子”，也就是沙粒一般的存在。

而且，劳动市场中的需求和供给，并不是在对等的力量关系中存在的。作为工人阶级中的一员，这就意味着“在竞争中一时处于劣势的一方，同时就是这样一方，在这一方中，个人不顾自己那群竞争者，而且常常直接反对这群竞争者而行动，并且正因为如此，使人可以感觉到一个竞争者对其他竞争者的依赖”[②]，换句话说，就是在这种处于“劣势的一方”中，“每个人都力图靠自己的力量找到最好的出路，共同行动就会停止”这样的处事方法会变得很重要。[③] 在劳动市场中“处于优势的一方”，“则或多或少地始终作为一个团结的统一体来同对方相抗衡”。[④] 只要能站在这个立场上就是幸运的，因为“如果一方占了优势，每一个属于这一方的人就都会得到好处”。[⑤] 如果不能指望站到这个立场上来的话，不幸的工人就只能依靠个人的利己处事法。即“如果一方处于劣势，每个人就可各自努力去取得优势（例如用更少的生产费用来进行生产），或者至少也要尽量摆脱这种劣势；这时，他就根本不顾自己周围的人了，尽管他的做法，不仅影响他自己，而且也影响他所有的同伙”。[⑥] 工人的自在利己意识就是这样形成的。

---

① 《资本论》第3卷，人民出版社，2004年，第215页。
② 《资本论》第3卷，人民出版社，2004年，第215页。
③ 《资本论》第3卷，人民出版社，2004年，第216页。
④ 《资本论》第3卷，人民出版社，2004年，第215页。
⑤ 《资本论》第3卷，人民出版社，2004年，第216页。
⑥ 《资本论》第3卷，人民出版社，2004年，第216页。

马克思在这里所指出的是，工人个人的利己行为与他们的伙伴间的对立关系，是劳动市场中对工人阶级施加的竞争原理所导致的必然结果。

随着生产资本的增加，“工人间的竞争”反而被激化这一预想，在《关于自由贸易的演说》中已经被提及了，“生产资本的增殖也就意味着资本的积累和积聚。资本集中的结果是分工的扩大和机器的更广泛的使用。分工的进一步发展使工人的手艺化为乌有，从前需要用手艺的地方，现在任何人都能做得到，从而工人之间的竞争也就加剧了”。①

竞争与对立，是被卷入劳动市场中的工人阶级无法逃脱的命运。

在《共产党宣言》中，马克思指出这种“工人间的竞争”对于工人阶级的政治团结起到的是反作用，“无产者组织成为阶级，从而组织成为政党这件事，不断地由于工人的自相竞争而受到破坏”。②

工人越被不断地逼迫进对立和竞争当中，他们对待各种各样的剥削就越会没有防备。工人所面对的剥削并非都是相同的，实际上，马克思指出，剥削分为“原有剥削”和“第二级剥削”。也就是说，在如同“用于个人消费的房屋等等的租借”的情况下，“工人阶级也会受到这种形式的欺诈，甚至受到的欺诈是骇人听闻的，这是很明显的事实；但是，工人阶级也会受到供应他们生活资料的零售商人的欺诈。这是伴随着在生产过程本身中直接进行的原有剥削的一种第二级剥削”。③

如同在此被指出的一样，不仅仅有来自资本家的剥削，来自资

---

① 《关于自由贸易的演说》，《马克思恩格斯全集》第4卷，人民出版社，1958年，第452页。

② 《共产党宣言》，《马克思恩格斯文集》第2卷，人民出版社，2009年，第40页。

③ 《资本论》第3卷，人民出版社，2004年，第689页。

本家以外的阶级的剥削，来自下层资产阶级（零售商人）的剥削也是存在的。当然，即便只是谈来自资本家的“原始剥削”，那也不全是相同的。毋庸置疑的是，这是在标准劳动条件下原本就被实施的剥削，但是，现实中包含着加强这种标准剥削的无数手段。比如说，我们可以考虑一下工资的“两种占统治地位的基本形式”[①] 之一的计时工资。对此，“他（资本家。——译者注）可以破坏就业方面的任何规则性，完全按照自己的方便、意愿和眼前利益，使最惊人的过度劳动同相对的或完全的失业互相交替”[②]，“所谓正常时间内的劳动价格很低，这就迫使那些想挣得足够工资的工人在额外时间去做报酬较高的工作”。[③] 马克思还通过政府的童工调查委员会的报告，举出“伦敦西蒂的书籍装订业”的实例，对“14、15 岁的少女”用“额外工资和一顿丰富的夜餐钱来引诱她们”，让她们从事超过规定劳动时间的夜间劳动。[④] 就这样，在必须要依靠加班费而生存的状况中，标准劳动时间与现实劳动时间之间出现了明显的不一致。这就是在今天也能说得通的通过强制性加班而实现的剥削的强化。

工资的另一个占统治地位的基本形式“计件工资”的情况又是怎么样的？

确实，“给个性提供了较大的活动场所”的计件工资，通过“促进他们（工人。——译者注）之间的相互竞争”，“促进了工人个性的发展，从而促进了自由精神、独立性和自我监督能力的发展”。[⑤] 但是，这不过是它的相对意义，也就是说这仅仅是在与其他

① 《资本论》第 1 卷，人民出版社，2004 年，第 623 页。
② 《资本论》第 1 卷，人民出版社，2004 年，第 627 页。
③ 《资本论》第 1 卷，人民出版社，2004 年，第 628 页。
④ 《资本论》第 1 卷，人民出版社，2004 年，第 628 页，注 37。
⑤ 《资本论》第 1 卷，人民出版社，2004 年，第 639 页。

的工资形态相比较时的意义。如果将个性的发展视为问题的话，那么存在于工资制度内的竞争关系对于工人所产生的消极影响则是不可忽视的。事实上，马克思指出，计件工资形式是“形成层层剥削和压迫的制度的基础”，进而可以说在其基本形态中，“工人对工人的剥削”是实现“资本对工人的剥削”的媒介。①

即便不是像包工制那样的“工人对工人的剥削”，类似一个人只顾自己的利益，而让他的同伴去从事过度劳动的情况，在当时也作为劳务管理的常用手段，被广泛普及。例如，马克思先是指出，“实行了计件工资，很自然，工人的个人利益就会使他尽可能紧张地发挥自己的劳动力，而这使资本家容易提高劳动强度的正常程度”②，之后，他还进一步加上一条注释，试图唤起读者对这个在生产过程内部人为创造出的“策略”的重视。“人们往往人为地助长这种自然的结果。例如，伦敦的机器制造业中惯用的诡计是：‘资本家挑选一名特别强壮和灵巧的人做一定数量工人的头头。每到一个季度或其他期限付给他以追加工资，条件是他拼命地干，以促使他的那些只领取普通工资的同伴也拼命地干……’（托·约·登宁《工联和罢工》1860 年伦敦版第 22、23 页）因为作者本人就是工人和工联书记，人们也许会认为他的话过于夸张。但是请看一看，比如说，约·查·摩尔顿的‘受人推崇的’农业百科全书吧，在‘工人’一条里，这个方法是当作一种卓有成效的方法向租地农场主们推荐的。”③

这正是现在也可实行的劳务管理的传统手法，同时，这也表现出工人阶级的自在性存在通过工人与工人的敌对关系而呈现出来的事实。

有关这种工人阶级的内部对立，也就是说一个人让他的同伴去

① 《资本论》第 1 卷，人民出版社，2004 年，第 636 页。

② 《资本论》第 1 卷，人民出版社，2004 年，第 637 页。

③ 《资本论》第 1 卷，人民出版社，2004 年，第 637 页，注 51a。

从事过度劳动的典型事例，可以从马克思所列举的工人家庭中的亲子关系中略窥一二。

伴随着机器工业的发展，促使儿童劳动的技术可能性出现了。于是，“现在，资本购买未成年人或半成年人。从前工人出卖他作为形式上自由的人所拥有的自身的劳动力。现在他出卖妻子儿女。他成了奴隶贩卖者”。[①] 这不仅是“资本家的剥削欲望”，为了满足“父母的贩卖要求”，他们甚至谎报孩子的年龄，让其作为成年工人将其送进工厂劳动。[②] “在大不列颠，不顾法律的规定，至少还有2000名儿童被自己的父母卖出去充当活的烟囱清扫机（虽然已经有机器可以代替他们）。”[③] 马克思在当时的童工调查委员会报告中叹息道：“就贩卖儿童来说，身为父母的工人具有确实令人愤慨的、十足的奴隶贩子般的特征。”[④]

工人的这种为了自己的利益，不论是伙伴还是孩子，都不惜贡献给资本家剥削的“特征”，有时甚至可以说这是一种同资本家的共犯关系。“当1848年议会通过十小时工作日法案时，分散在多塞特和萨默赛特两郡交界处的农村麻纺厂的工厂主们，强迫一些正规工人接受一份反对这项法案的请愿书，请愿书中有这样的话：‘我们这些向你们请愿的人，作为父母，认为增加一小时闲荡的时间，结果只会使我们的孩子道德败坏，因为懒惰是万恶之始。’”[⑤]

对于长时间劳动的儿童，他们那些作为正规雇佣工人的父母，与工厂主站在同一战线上来反对缩短一小时的工作时间。其理由就是“懒惰和道德败坏”。但是，这种来自父母的强迫孩子进行长时间

① 《资本论》第1卷，人民出版社，2004年，第455页。
② 《资本论》第1卷，人民出版社，2004年，第456页。
③ 《资本论》第1卷，人民出版社，2004年，第457页。
④ 《资本论》第1卷，人民出版社，2004年，第455页，注122。
⑤ 《资本论》第1卷，人民出版社，2004年，第263页，注32a。

劳动的理由，被当时的工厂视察员加以猛烈批判。在马克思引用的工厂视察员报告中，将其定罪为“所谓‘懒惰和邪恶’这种无情的胡说必须斥之为十足的假仁假义和最无耻的伪善”。①

值得注意的是，在这样的父母身边长大的孩子，作为童工，他们承受着双重压迫的事实。一方面，在身为正规工人的父母面前，他们被家长的强权所摆布；另一方面，与他们的父母相勾结的老板也就是工厂主的压迫使他们被迫进行长时间劳动，这无疑是双重的压迫和剥削。即便就像马克思所说的那样，这样的事例是“说明他们怎样施用阴谋、诡计、利诱、威胁、伪造等手段，迫使少数完全不会反抗的工人在这种请愿书上签名，然后把这种请愿书冒充整个产业部门和整个郡的请愿书提交议会”②，但是一部分工人很容易由于资本家的“阴谋、诡计、利诱、威胁、伪造”，以压迫者、剥削的实施者的面目对待其他工人这个事实是有着非常重要的意义的。

基于母亲对待孩子如会吸血的“贪婪的寄生虫”一般而出现的惨剧，马克思将其与在大工业背景下建立起来的现代家庭劳动关联起来并加以讨论，“贫困堕落的双亲只想从孩子身上榨取尽可能多的东西。孩子们长大以后，自然也就对他们的双亲漠不关心并弃之不管了”。③

为了在这样的相互对立和无止境的剥削中实现自我防卫，工人起身反抗时，就会结成劳动组合，“劳动者最初企图联合时总是采取同盟的形式”。④

关于作为工人间竞争的扬弃而产生的结成联盟的必然性，马克

---

① 《资本论》第1卷，人民出版社，2004年，第263页，注32a。

② 《资本论》第1卷，人民出版社，2004年，第264页，注32a。

③ 《资本论》第1卷，人民出版社，2004年，第540页。

④ 《哲学的贫困》，《马克思恩格斯文集》第1卷，人民出版社，2009年，第653页。

思有着如下的论述："大工业把大批互不相识的人们聚集在一个地方。竞争使他们的利益分裂。但是维护工资这一对付老板的共同利益，使他们在一个共同的思想（反抗、组织同盟）下联合起来。因此，同盟总是具有双重目的：消灭工人之间的竞争，以便同心协力地同资本家竞争。反抗的最初目的只是为了维护工资，后来，随着资本家为了压制工人而逐渐联合起来，原来孤立的同盟就组成为集团，而且在经常联合的资本面前，对于工人来说，维护自己的联盟，就比维护工资更为重要。下面这个事实就确切地说明了这一点：使英国经济学家异常吃惊的是，工人们献出相当大一部分工资支援经济学家认为只是为了工资而建立的联盟。在这一斗争（真正的内战）中，未来战斗的一切必要的要素在聚集和发展着。一旦达到这一点，联盟就具有政治性质。"①

同盟和斗争的发展是不同的。例如，马克思如下介绍了 1853 年英国工人的大规模罢工和离职的特征。"当前罢工的明显特点是，罢工先在下层非熟练工人（非工厂工人），即现在直接受人口外流影响的工人中开始，在各种层次的手工工匠中开始，然后才把大不列颠各大工业中心的工厂工人卷进来。以前的罢工则不同，总是先在工厂工人上层，即在机械工人、纺纱工人等等之中发生，然后才扩大到这个巨大的工人群的下层，最后才波及手工工匠。这个现象完全是由于人口外流而产生的。"②

我们不难看出罢工的浪潮历经工人阶级的各阶层而展开的情形。马克思环顾了"下层不熟练工人""各种普通工匠"，以及"工厂工人上层"等各个工人阶层的"罢工和结盟"的浪潮，这样在总体上

---

① 《哲学的贫困》，《马克思恩格斯文集》第 1 卷，人民出版社，2009 年，第 653～654 页。

② 《俄国对土耳其的政策。——宪章运动》，《马克思恩格斯全集》第 12 卷，人民出版社，1998 年，第 185 页。

掌握了工人罢工运动的情况。

从各国工人阶级的结盟状态水平不一致这点可以看出，各国经济形成阶层，从而构成了世界经济。所以，各国工人的结盟状态是显示该国经济在世界市场阶层构造中占据何种地位的标志。马克思对此有独到的见解："同盟在一国内的发展程度可以确切地表明该国在世界市场等级中所占的地位。"[①]

在英国"建立经常性的同盟——工联，作为工人同企业主进行斗争的堡垒"，此外，"所有这些地方工联已组成为全国职工联合会"，而且"这些罢工、同盟、工联是与工人的政治斗争同时并进的，现在工人们正在宪章派的名义下形成一个巨大的政党"，马克思对此有着高度的评价。[②]

景气变动中的工人阶级

工业循环也就是"工业的生命按照中常活跃、繁荣、生产过剩、危机、停滞这几个时期的顺序而不断地转换"[③] 的过程，在这种"工业循环的退潮期和涨潮期"的交替中，"工人就这样不断被排斥又被吸引，被赶来赶去，而且被招募来的人的性别、年龄和熟练程度也不断变化"。[④] 工人不得不在景气期的迷惑和危机期的贫穷的落差中过活。

接下来，我们以景气期和危机期为对象，来看看工人所处的完全不同的两种生活条件。

首先，在景气期，"人民群众能充分就业，并且生活也还不

① 《哲学的贫困》，《马克思恩格斯文集》第 1 卷，人民出版社，2009 年，第 653 页。

② 《哲学的贫困》，《马克思恩格斯文集》第 1 卷，人民出版社，2009 年，第 653 页。

③ 《资本论》第 1 卷，人民出版社，2004 年，第 522 页。

④ 《资本论》第 1 卷，人民出版社，2004 年，第 523 页。

错——当然那些与不列颠的繁荣分不开的贫民除外；因此在目前人民是不大听信政治鼓动的。但是，促使德比勋爵的诡计得以实现的首先是中间阶级投身于强大的工业生产过程的那种狂热：开办工厂，制造机器，建造船只，生产棉毛纺织品，充实库存，成批地进行生产，交换，出口，进口，以及其他各种多少有收益的活动；他们从事这些活动的目的总不外是发财致富。在生意兴隆的时候，资产阶级清楚地知道这样幸运的时机将越来越少、越来越难遇到，所以它只想并且一定要赚钱，赚更多的钱；赚钱就是一切”。①

“在繁荣时期，在再生产过程大大扩张、加速并且充满活力的时期，工人会充分就业。在大多数情况下，工资也会提高，这在某种程度上会使商业周期的其他时期工资下降到平均水平以下的情形得到些补偿。同时，资本家的收入也会显著增加。消费会普遍提高。商品价格通常也会提高，至少在各个起决定作用的营业部门会提高。”②

充分就业与工资上涨、消费提高，这些迷惑了工人的意识。但是，即便“对工人的需要，能够超过工人的供给，这样一来，工资就会提高”，“但是这些多少有利于雇佣工人的维持和繁殖的情况，丝毫不会改变资本主义生产的基本性质”。③ 这不过是即将到来的暴风雨前夜的些许平静和等待的时间。“危机每一次都恰好有这样一个时期做准备，在这个时期，工资会普遍提高，工人阶级实际上也会从供消费用的那部分年产品中得到较大的一份。”④

但是，允许这种充分就业和工资上涨的泡沫经济时期，也是引

① 《商业繁荣的政治后果》，《马克思恩格斯全集》第 11 卷，人民出版社，1995 年，第 455 页。

② 《资本论》第 3 卷，人民出版社，2004 年，第 506 页。

③ 《资本论》第 1 卷，人民出版社，2004 年，第 708 页。

④ 《资本论》第 2 卷，人民出版社，2004 年，第 457 页。

起过度劳动和过劳死的时期。马克思谈到因为过劳而死去的工人时说：“（过度劳动的工人。——译者注）争先恐后地向我们拥来，简直比被杀者的鬼魂向奥德赛拥去还要厉害。即使不去参看他们腋下夹着的蓝皮书，我们也可以一眼看出他们劳动过度”①，继而他又在《资本论》中举出“一大群不同职业、年龄、性别的各种各样的工人”的过度劳动的实例。比如，“在忙季，她们往往要一连劳动 30 小时，要不时靠喝雪莉酒、波尔图葡萄酒或咖啡来维持她们已经不听使唤的‘劳动力’”，之后因中风而死亡的女时装工，② 再比如被强迫“在旅客特别拥挤的时候，例如在旅行季节，他们往往要连续劳动 40－50 小时”，直到“浑身麻木，头发昏，眼发花”的地步，最后因为“疏忽大意”而引发事故，把“几百名旅客”送到另一个世界的铁路员工。③

“在繁荣时期，又可以在固定资本的既定基础的场合，一方面通过延长劳动时间，一方面通过提高劳动强度，使流动资本异常扩大”④，由此，过劳死成为普遍现象是毋庸置疑的。

尽管如此，工人还是会在消费的迷惑中失去方向。“奢侈品的消费”作为现实被接受。“在繁荣时期，特别是在欺诈盛行期间，情况正好相反。在这个时期，货币的表现在商品中的相对价值已由于其他原因（并不是由于现实的价值革命）而降低，所以，商品的价格不依商品本身的价值为转移而提高。不仅是必要生活资料的消费增加了；工人阶级（他们的全部后备军现在都积极参加进来）也暂时参加了他们通常买不起的各种奢侈品的消费，此外，他们还会参加这类必要消费品的消费，其中绝大部分通常只对资本家阶级来说才

① 《资本论》第 1 卷，人民出版社，2004 年，第 294 页。

② 《资本论》第 1 卷，人民出版社，2004 年，第 294 页。

③ 《资本论》第 1 卷，人民出版社，2004 年，第 293 页。

④ 《资本论》第 2 卷，人民出版社，2004 年，第 286 页。

是‘必要’消费资料；而这些又会引起价格的提高。”①

对于消费的迷茫逐渐扩大，人们面对奢侈品慢慢也开始解开自己的钱袋。但是，对此绝对不可以作过高的评价。“至于消费品的进口，如果不算谷物和牲畜，几乎所有增加了进口的项目都证明英国上等阶级和中等阶级消费增长的比例大大超过劳动阶级消费增长的比例。例如，酒类的消费增加了一倍，而可可、原糖和茶叶的消费则显著地减少。”②

马克思的论证，由于看清了消费的阶级性，所以他成功地挖掘了在迷惑背后扩大的阶级差距。一刻都没有忘记这种批判的马克思，将视线又转向了“在新年之初，人们异口同声地大肆宣扬商业和工业繁荣的继续和增长”时发生的“饿死人事件”③。马克思这样呼吁道：“在读者们随我浏览了证明英国不断繁荣的一系列资料之后，我再请他们稍微注意一下一个名叫亨利·摩尔根的不幸的制针工人为了出外谋生而在由伦敦到伯明翰的路途上的遭遇。为了避免夸大之嫌，我特从《北安普顿报》上逐字地转抄了这篇报道。”④ 之后马克思全文抄录了这则新闻。

在科斯格罗夫某一天的早晨，人们发现“一个不幸的人躺在牲口棚里”，其被送往“济贫院”以后，“过了一刻钟就死了”。“这个穷人的枯瘦的、脏污的、穿着破烂衣衫的身躯，令人目不忍睹。后来查明事情是这样的：2 日星期四晚上，这个不幸的人得到斯托尼－斯特拉特福德的济贫院官员发给穷人去亚德利济贫院的一张路宿证，然后，他步行 3 英里多到达亚德利，被收留在济贫院。他狼吞虎咽

---

① 《资本论》第 2 卷，人民出版社，2004 年，第 456 页。

② 《战争问题。——不列颠的人口和商业报告书。——议会动态》，《马克思恩格斯全集》第 12 卷，人民出版社，1998 年，第 286 页。

③ 《政局展望。——商业繁荣。——饿死人事件》，《马克思恩格斯全集》第 11 卷，人民出版社，1995 年，第 597 页。

④ 《政局展望。——商业繁荣。——饿死人事件》，《马克思恩格斯全集》第 11 卷，人民出版社，1995 年，第 604 页。

地吃完了发给他的饭食，并请求允许他再呆一昼夜。他的请求被允许了。星期六清晨，他吃完早饭（可能这就是他在这人世上的最后一餐）就上路回斯特拉特福德，大概，他由于身体衰弱，两脚走起路来很痛，他的一只脚后跟已经磨破，很想找一个随便什么样的安身之处，这是属于某农场的野外建筑物的一个离公路有$\frac{1}{4}$英里远的敞棚。6 日星期一的中午，在那里有人发现他躺在干草里，因为主人不愿生人留在这里，遂命令他离开，他请求允许他再稍微呆一会儿，到下午 4 小时左右他走了，以便在天黑前能在附近再找个休息和过夜的地方，这地方就是上面提到的那个缺少半间房顶、没有门窗的破烂的草棚。就在这个难以想象的寒冷的住处，他钻进牲口棚，在那里滴水未进地躺了七天多，正如上面所叙述的，直到 13 日早上他才被发现。这个不幸的人叫亨利·摩尔根，是个制针工人；大约三、四十岁，看样子是个身体结实的人。”①

这就是这个事件的始末。在这个高度繁荣时期发生的饿死人事件面前，马克思怒声震天：“很难想象有比这更骇人听闻的事件了。一个身体结实、年富力强的人，由伦敦到斯托尼—斯特拉特福德的漫长而痛苦的旅途，向周围‘文明’求援的绝望哀求，他的七天断食，他的同胞遗弃他的那种残酷无情，寻找栖身之所的四处奔波，从容身之地的屡被驱逐，最后，那个名叫斯莱德的人的惨无人道和那个奄奄一息的人的默默惨死——这是一幅足以令人震惊而又发人深思的景象。”②

“当他在敞棚里和破烂的草棚寻找一个栖身之处时，无疑，他侵

① 《政局展望。——商业繁荣。——饿死人事件》，《马克思恩格斯全集》第 11 卷，人民出版社，1995 年，第 605 页。

② 《政局展望。——商业繁荣。——饿死人事件》，《马克思恩格斯全集》第 11 卷，人民出版社，1995 年，第 605 ~606 页。

害了所有权!!!”①

在这种“高度繁荣时期发生的饿死人事件”上演的同时，英国经济呈现繁盛的景象。马克思尖锐地指出：“如果把这个在高度繁荣时期发生的饿死人事件告诉伦敦西蒂区的养尊处优的资本家，那他会用1月8日伦敦《经济学家》上的话来回答你们：‘……一切阶级都繁荣昌盛；……大家和每一个人都得到好处’。”② 面对乘兴而出的意识形态，马克思用现实暴露了它的虚伪。

由此可见，景气期带给工人的，并不仅仅是暂时的高工资（稳中有升的工资上涨）、充分就业（劳动力不足）、消费的部分的或者局限性的扩大（奢侈品消费和饱食的风靡）。为了换得这种生活，工人被置于高强度劳动中，不得已地经历高度繁荣时期发生的饿死人事件。但是，作为现实的后者，被埋没在前者的浪潮之中，并不能把工人阶级的意识从不断扩大的迷茫中拯救出来。工人阶级仅仅享受了一瞬间的“相对的繁荣”。“资本主义生产包含着各种和善意或恶意无关的条件，这些条件只不过让工人阶级暂时享受一下相对的繁荣，而这种繁荣往往只是危机风暴的预兆。”③

从迷茫中觉醒，是从危机的到来、经济状况随之恶化而开始的。马克思的《资本论》的第1卷第23章第5节（d）以“危机对工人阶级中报酬最优厚的部分的影响”为题，说明“危机本身对工人阶级中报酬最优厚的部分即工人阶级的贵族产生了怎样的影响”。马克思所提及的是1866年的“带有金融的性质”的危机。此次危机的爆发是这样的：“这次危机在1866年5月爆发，这是以伦敦一家大银

① 《政局展望。——商业繁荣。——饿死人事件》，《马克思恩格斯全集》第11卷，人民出版社，1995年，第606页。

② 《政局展望。——商业繁荣。——饿死人事件》，《马克思恩格斯全集》第11卷，人民出版社，1995年，第606页。

③ 《资本论》第2卷，人民出版社，2004年，第457页。

行的破产为信号的，继这家银行之后，无数在金融上进行欺诈的公司也接着倒闭了。遭殃的伦敦大生产部门之一是铁船制造业。这一行业的巨头们在繁荣时期不仅无限度地使生产过剩了，而且由于他们误认为信用来源会照样源源不绝，还接受了大宗的供货合同。现在，一种可怕的反作用发生了，而且直到目前，1867 年 3 月底，还在伦敦其他工业部门继续发生。”① 具体来说，就是泡沫经济的崩塌。

为了说明工人的情况，马克思还援引了《晨星报》一位记者的报道。为了掌握失业工人的“极端贫困的状态”，这位记者来到“伦敦东头的波普勒”的“贫民习艺所”，在那里看到极为悲惨的景象。“在 6 个月或 8 个月以前还拿着我国熟练劳动的最高工资”的人们，“一边撕麻絮一边争论，看谁能吃得最少而干的时间最长，因为有耐力成了受称赞的事情”。继贫民习艺所之后，这位记者又与向导一起走访了失业工人的家，在那里听到的是“仿佛失去了对美好未来的一切希望”的叹息，看到的是“像一张白纸一样一文不值”的银行存折，这位记者写道：“他们脸上和他们的小屋里笼罩着的那种凄凉绝望的情景，使我再也不愿看到类似的景象。”②

昨天还拿着最高水平工资的工人，随着经济危机的到来今天就成了被解雇的对象。被强迫辞职的工人，他们的储蓄也日渐减少。当连房租都支付不起的工人到了不得不从家里中搬出来的时候，他们才会伴随着贫穷从迷茫中开始觉醒。

流氓无产阶级

下层阶级的底层形成了当时的“流浪者、罪犯和妓女，一句话……真正的流氓无产阶级”③，这是比相对过剩人口更下一层的社

① 《资本论》第 1 卷，人民出版社，2004 年，第 769 ~ 770 页。
② 《资本论》第 1 卷，人民出版社，2004 年，第 770 ~ 771 页。
③ 《资本论》第 1 卷，人民出版社，2004 年，第 741 页。

会最底层。

在英国，这是带着民族色彩的。“在英国，天主教的唯一支柱是社会上的两极，即贵族和流氓无产阶级。流氓无产阶级是由爱尔兰人和他们的后裔构成的平民，按其身世来说是天主教徒。贵族沉醉于崇尚皮由兹教派之雅事，直到最后甚至转入天主教教会也开始成为一种风气。”①

在法国又是怎样的情况呢？马克思将“巴黎流氓无产阶级”解释为“除了一些生计可疑和来历不明的破落放荡者，除了资产阶级中的败类和冒险分子，就是一些流氓、退伍的士兵、释放的刑事犯、脱逃的劳役犯、骗子、卖艺人、游民、扒手、玩魔术的、赌棍、私娼狗腿、妓院老板、挑夫、下流作家、拉琴卖唱的、拣破烂的、磨刀的、补锅的、叫化子，一句话，就是被法国人称作浪荡游民的那个完全不固定的不得不只身四处漂泊的人群”②，尽显他对这类人的蔑视。

这些人与无产阶级间的分界线，常常被政治所利用。为了“使一部分无产者去与另一部分无产者相对立”，“流氓无产阶级”被编入“别动队”。他们“是与工业无产阶级迥然不同的。这个阶层是产生盗贼和各式各样罪犯的泉源，其组成部分都是专靠社会餐桌的残羹剩屑生活的分子，无一定职业的人们，即游民——gens sans feu et sans aveu；他们依各人所属民族的文化水平高低不一而有所不同，但是他们随时随地都保持着拉查罗尼③的特点”。④

---

① 《时评。1850 年 5—10 月》，《马克思恩格斯全集》第 10 卷，人民出版社，1998 年，第 599 页。

② 《路易·波拿巴的雾月十八日》，《马克思恩格斯全集》第 11 卷，人民出版社，1995 年，第 185 页。

③ 拉查罗尼是意大利游手好闲的流氓无产阶级分子的鄙称。这些人不止一次地被反动的君主专制集团利用来反对自由主义和民主主义的运动。

④ 《1848 年至 1850 年的法兰西阶级斗争》，《马克思恩格斯全集》第 7 卷，人民出版社，1959 年，第 28 页。

第三章 阶级斗争——过去与现在

阶级的多重性，从上述阶级概念的再建造中已经明确地被证实了。接下来将通过阶级斗争这一概念来探讨阶级社会的动态性。阶级斗争无论是暴力的还是和平的，都存在很多种表现形式。以下将参照马克思的时论和其对历史的研究，对阶级斗争的形态加以探求。

阶级斗争的现在

议会外的斗争——罢工

第一种表现形式是直接对抗，即被马克思称为资本对劳动的战争的“同盟歇业”。1853 年发生在威根的煤矿工人的冲突就是这样的实例。马克思对此事的陈述是这样开始的：“星期五晚上，威根发生了风潮，风潮是由煤矿工人和煤炭大王之间的冲突引起的。据报道，星期六城里完全平静，但是，今天电报给我们带来的消息是：在克劳福德勋爵或巴尔卡里斯伯爵的矿上，煤矿工人进行了袭击，结果招来了军队，士兵开了枪，打死了一个工人。”①

---

① 《战争。——罢工。——缺粮》，《马克思恩格斯全集》第 12 卷，人民出版社，1998 年，第 510 页。

当对抗演变成暴力的时候，当然会出现种种非难工人直接行动的声音。“普雷斯顿的工人领袖考威尔先生”就对劳动者呼吁道：“希望工人们珍惜财产和人的生命。行动温和，遵守秩序和保持安宁，才能有把握取得有利于他们的斗争结局”，但是马克思对此加以批判：“我决不认为威根矿工付出了七个人鲜血的代价的盲目暴力行动是正确的。但是，另一方面，我又明白，特别是对于工人阶级的下层（矿工无疑属于工人阶级的下层）来说，当极端的贫困和老板的无以复加的蛮横逼得他们作绝望的挣扎时，要他们‘行动温和，遵守秩序和保持安宁’是很困难的。……矿工使用暴力来阻止自己的工人兄弟干他们放下不干的活，这当然是不对的。但是，当我们看到老板们互相保证以重罚的方式来强化他们的同盟歇业的时候，对工人们以更加粗鲁而更少虚伪的方式强化自己的罢工难道我们会感到奇怪吗？”①

马克思一方面对工人阶级表现出拥护的姿态，另一方面指出直接对抗在战略上是有局限性的。② 马克思这一将斗争的舞台转移到议会的主张，与当时在曼彻斯特举行的群众大会中通过的如下决议完全一致，“只有消灭厂主阶级的垄断，劳动阶级通过人民宪章的实行在议会下院争得代表名额，工人现在的斗争才能以胜利告终”。③ 就这样，阶级斗争向下一个阶段即围绕政治机构来斗争进发了。

---

① 《波斯进军阿富汗和俄国进军中亚。——丹麦。——多瑙河和亚洲的军事行动。——威根的矿工》，《马克思恩格斯全集》第12卷，人民出版社，1998年，第523页。

② 《波斯进军阿富汗和俄国进军中亚。——丹麦。——多瑙河和亚洲的军事行动。——威根的矿工》，《马克思恩格斯全集》第12卷，人民出版社，1998年，第525页。

③ 《波斯进军阿富汗和俄国进军中亚。——丹麦。——多瑙河和亚洲的军事行动。——威根的矿工》，《马克思恩格斯全集》第12卷，人民出版社，1998年，第525页。

议会外的斗争——群众运动

如果阶级斗争经常是“不可缓和的、不可掩盖的、公开承认的和人人清楚的事”[①]，那么恐怕就没有用科学再来考察的必要了。一般来说，阶级斗争随着时期、局势、参与进来的诸党派的不同而呈现出各种各样的“特有容貌的假象”。剥去表面那层“遮蔽着阶级斗争和这个时期特有面貌的假象”，暴露其本质，这需要的正是科学的眼光。[②] 对于啤酒法案和禁止星期日交易法案的反对运动就是极为恰当的例证。

无论是“星期日任何公共娱乐场所除晚上 6 点到 10 点以外，一律不准营业”这一“啤酒法案”（Beer Bill），还是禁止小店铺在星期日做买卖的“禁止星期日交易法案”（Sunday Trading Bill），其都是在确保“大啤酒店老板”和“大商店”的支持之后被执行的，“从这两件事中我们看到教会和垄断资本共同策划的阴谋；这两件事情表明，宗教的惩治法律的目的是为了反对下层阶级，而使上层阶级在良心上可以安静下来。*Beer Bill* 对贵族的俱乐部妨碍不大，正如 *Sunday Trading Bill* 并不影响特权阶级的星期日活动一样。工人阶级是在星期六晚上领到工资的。因而星期日的买卖只是为它而存在的。只有工人才不得不在星期日购买他们所需的一点点东西。所以新的法案打击的对象只是工人阶级”。[③]

“这一骄奢淫逸、腐化堕落、贪求享乐的贵族阶级和教会的联盟，这一靠啤酒店大老板和垄断资本家大商人龌龊的利润来维持的

---

① 《战争。——罢工。——缺粮》，《马克思恩格斯全集》第 12 卷，人民出版社，1998 年，第 511 页。

② 《路易·波拿巴的雾月十八日》，《马克思恩格斯全集》第 11 卷，人民出版社，1995 年，第 159 页。

③ 《反教会运动。——海德公园的示威》，《马克思恩格斯全集》第 11 卷，人民出版社，1962 年，第 364 页。

联盟，昨天在海德公园引起了自乔治四世这个‘欧洲第一位绅士’死后伦敦从来未见过的大规模的示威。”①

目击了整个过程的马克思士气昂扬地说道：“英国的革命昨天已在海德公园开始。”②他又进一步指出：“正如巴黎人的朗香一样，海德公园瑟盆坦湖畔的马路是英国 haute volée〔上层〕人士在下午，特别是在星期日炫耀自己的豪华的马车和服饰的地方，他们带着大群仆役在这条马路上昂首驰骋。从上述的宣传品（宪章派所发的反对法案的宣传品。——译者注）可以看出，反对僧侣主义的斗争，像英国发生的一切严重斗争一样，同样具有穷人反对富人、人民反对贵族、‘下层’阶级反对‘上层’阶级的阶级斗争的性质。”③

对议会施加的压力

以上是在议会外开展的直接的阶级斗争，是围绕“经济霸权”展开的直接斗争。与之相对应的，是议会内阶级斗争的开展，这是围绕“政治统治权”展开的斗争。如前所述，在工人阶级的协助下进行的人民示威运动，通常被称作“外部的压力”，或者作为“政治影响力的行使”而被称作巨大的、议会外的人民示威。与此同时，马克思还谈及从外向内，即从议会外向议会内被行使的政治影响力。“在早就不存在农民等级的社会中，工人阶级是那样占优势的一个部分，但是，正如大家所知，它在议会中是没有代表的。不过它仍然不是没有政治影响。凡是重大的新设施和决定性的措施，没有一件不是经过 pressure from without（外界压力）才在这个国家里得到贯

① 《反教会运动。——海德公园的示威》，《马克思恩格斯全集》第 11 卷，人民出版社，1962 年，第 364 ~ 365 页。

② 《反教会运动。——海德公园的示威》，《马克思恩格斯全集》第 11 卷，人民出版社，1962 年，第 365 页。

③ 《反教会运动。——海德公园的示威》，《马克思恩格斯全集》第 11 卷，人民出版社，1962 年，第 365 页。

彻的。有时反对派用这种 pressure〔压力〕来对付政府，有时政府用这种 pressure 来对付反对派。所谓 pressure from without，按照英国人的理解，是指巨大的、议会外的人民示威，这种示威没有工人阶级的积极参加自然是无法实现的。……在这些示威中，工人阶级有时是被人煽动起来，有时是出于自身要求，他们或则作为 persona dramatis〔剧中人〕，或则作为乐队，依情况不同而扮演主角或呐喊助威的角色。”①

“一旦他们成为政治统治权的唯一执掌者，一旦政治统治权和经济大权都集中在他们手中，因而反对资本的斗争不再同反对现政府的斗争割裂开来，那时就会爆发英国的社会革命。”② 在那之前，斗争则是以单肺呼吸的状态进行。

从经济霸权到政治霸权

阶级斗争的新阶段，是以从围绕经济霸权的斗争向围绕政治霸权的斗争转变这一质的飞跃为标志的。在英国，开展这一斗争的主体是宪章派，斗争的目标则是获取普选权。“普选权等于政治权力，……因此，在英国，普选权的实行，和大陆上任何标有社会主义这一光荣称号的其他措施相比，都将在更大的程度上是社会主义的措施。”③

从标准工作日的制定来看议会内外的动向

这种议会内外活动不断重复上演，再加上在统治阶级内部的利益不一致的背景下产生妥协和对抗，其结果，是达成了一定的共识。

---

① 《伦敦的工人大会》，《马克思恩格斯全集》第 15 卷，人民出版社，1963 年，第 480 页。

② 《宪章派》，《马克思恩格斯全集》第 11 卷，人民出版社，1995 年，第 424 页。

③ 《宪章派》，《马克思恩格斯全集》第 11 卷，人民出版社，1995 年，第 424 ~ 425 页。

这就是贯穿于“规定工作日界限的斗争，这是全体资本家即资本家阶级和全体工人即工人阶级之间的斗争”[①] 中的对标准工作日的法律上的确定。就像所有的斗争一样，这种斗争的过程也有着无法在单纯构造中捕捉到的复杂性。

换言之，自19世纪初到50年代为止的英国展开的取缔工厂劳动时间的法制化进程，就像马克思在论说《议会辩论。——僧侣反对社会主义。——饿死人》中生动描写的那样，其经历了议会内外的运动、初期的法制化、对于现场的侵犯、法律的空洞化、向法院提起的诉讼、议会的决定、带有妥协性的调解、提出新要求的斗争等此类迂回曲折的过程。而且，这样寓意深刻的过程归根到底是作为“通史”的一部分内容，在阶级斗争中还有着这样的“历史的内幕”。[②]

马克思说：“简单说来，十小时工作日法令的公开的历史就是如此。至于这个历史的内幕则如下述：资产阶级以通过1831年的改革法案打败了土地贵族，工厂主因要求自由贸易和废除谷物法而侵犯了土地贵族的‘最神圣的利益’；因此土地贵族就决心支持工人反对厂主的斗争和要求，特别是支持他们的限制工厂工作时间的要求，以此来反击中间阶级。这些所谓的慈善家老爷们当时在一切争取十小时工作日的会议上都是打先锋的。阿什利勋爵甚至由于他在这个运动中的言论而获得了某种‘声誉’。土地贵族由于1846年谷物法的真正被废除而遭到了致命的打击，于是他们在1847年就迫使议会通过十小时工作日法案作为报复。可是，工业资产阶级通过司法权又取回了议会立法使他们丧失的东西。1850年，地主老爷们的怒气渐渐平息了，他们和厂主老爷们取得了妥协，即一方面宣布轮班制非法，另一方面作为对强制实施该法律的一种惩罚，迫使工人阶级

① 《资本论》第1卷，人民出版社，2004年，第272页。

② 《议会辩论。——僧侣反对社会主义。——饿死人》，《马克思恩格斯全集》第11卷，人民出版社，1995年，第654页。

每天加上半小时的额外劳动。而目前，贵族们感到同曼彻斯特学派决斗的时候迫近了，所以又想来操纵争取缩短工作时间的运动；可是，他们又不敢亲自出面，于是就通过国教会的教士来鼓动人民群众反对棉纺大王，企图用这种手段来拆后者的台。”①

包括今天的马克思批判者所说的以“阶级斗争的制度化”的名义而被理解的“被日常化的、被持久化的斗争”的一切要素在内，马克思从通史和历史内幕两方面生动地描写了不仅仅在议会内外，还包括以法院为舞台而开展的斗争的经过。

阶级斗争的过去

“至今一切社会的历史都是阶级斗争的历史。”② 为了更好地理解马克思这句名言中蕴含的思想，有必要概观马克思在这方面的历史研究。

古代罗马的阶级斗争

古代罗马社会的基本阶级关系，是通过债务关系形成的。平民堕落为债务奴隶，贵族以此为踏板变得富裕，其大部分原因也在于以战争为契机的债务关系的推进。

“罗马贵族不断进行战争，强迫平民服兵役，阻碍了他们的劳动条件的再生产，因而使他们变得贫穷（在这里，贫穷化，即再生产条件的萎缩或丧失，是主要的形式）而终于破产。正是这些战争使罗马贵族的仓库和地窖里藏满了掠夺来的铜，即当时的货币。贵族

① 《议会辩论。——僧侣反对社会主义。——饿死人》，《马克思恩格斯全集》第11卷，人民出版社，1995年，第654～655页。

② 《共产党宣言》，《马克思恩格斯文集》第2卷，人民出版社，2009年，第31页。

不是把平民所需的商品如谷物、马、牛等等直接给他们，而是把对自己没有用处的铜借给他们，而利用这个地位来榨取惊人的高利贷利息，使平民变为自己的债务奴隶。在查理大帝统治下，法兰克的农民也是因战争而破产的，他们除了由债务人变为农奴外，再没有别的出路。在罗马帝国，大家都知道，饥荒逼迫自由民出卖儿女和出卖自身去给富人当奴隶的现象是经常发生的。以上所说的是一般的转折点。如果就个别情况来说，那么，小生产者是保持还是丧失生产条件，取决于无数偶然的事故，而每一次这样的事故或丧失，都意味着贫穷化，是使高利贷寄生虫得以乘虚而入的机会。对小农来说，只要死一头母牛，他就不能按原有的规模来重新开始他的再生产。这样，他就坠入高利贷者的摆布之中，而一旦落到这种地步，他就永远不能翻身。”①

所以关于古代罗马的阶级斗争，首先必须要理解的是它是以债务关系的形式进行的。

> 古代世界的阶级斗争主要是以债权人和债务人之间的斗争的形式进行的；在罗马，这种斗争以负债平民的破产，沦为奴隶而告终。在中世纪，这种斗争以负债封建主的破产，他们的政治权力随着它的经济基础一起丧失而告终。②

不过马克思又说道：“但是在这里，货币形式——债权人和债务人的关系具有货币关系的形式——所反映的不过是更深刻的经济生活条件的对抗。”③ 这里的“对抗”又该怎么理解呢？他在给恩格斯的信中谈道：“不久前我又仔细研究了奥古斯都时代以前的（古）罗马史。

① 《资本论》第3卷，人民出版社，2004年，第677～678页。
② 《资本论》第1卷，人民出版社，2004年，第159页。
③ 《资本论》第1卷，人民出版社，2004年，第159页。

国内史可以明显地归结为小土地所有制同大土地所有制的斗争，当然这种斗争具有为奴隶制所决定的特殊形式。从罗马历史最初几页起就有着重要作用的债务关系，只不过是小土地所有制的自然的结果。”①

马克思在债务关系这一阶级斗争的表层之内观察“小土地所有制同大土地所有制的斗争”。共同耕作的劳动方式崩塌催生了私有化，这存在于大土地所有制和小土地所有制这样的两极分化中的历史事实，作为贯穿“农村公社”和“次生的形态”（后者有时伴随着奴隶制或农奴制）的普遍原理被马克思所证实。② 正是这种两极分化的倾向，无论由于奴隶制的各类关系而呈现怎样独特的变化，都是贯穿古代罗马社会的本质性矛盾。这种意见，可以视为对将奴隶制视为古代罗马的主要矛盾这一历史理解的重要反驳。从此又萌生出下面这一认识：

> 即在古罗马，阶级斗争只是在享有特权的少数人内部进行，只是在富有的自由民与贫穷的自由民之间进行，而从事生产的广大民众，即奴隶，则不过为这些斗士充当消极的舞台台柱。人们忘记了西斯蒙第所说的一句名言：罗马的无产阶级依靠社会过活，现代社会则依靠无产阶级过活。由于古代阶级斗争同现代阶级斗争在物质经济条件方面存在这样的根本区别，由这种斗争所产生的政治怪物之间的共同点也就不可能比坎特伯雷大主教与最高祭司撒母耳之间的共同点更多。③

① 《马克思致恩格斯（1855 年 3 月 8 日）》，《马克思恩格斯全集》第 28 卷，人民出版社，1973 年，第 438 页。

② 《给维·伊·查苏利奇的复信草稿》（初稿－三稿），《马克思恩格斯全集》第 19 卷，人民出版社，1963 年，第 430～452 页。

③ 《〈路易·波拿巴的雾月十八日〉1869 年第二版序言》，《马克思恩格斯文集》第 2 卷，人民出版社，2009 年，第 466～467 页。

马克思所强调的是，古代阶级斗争的物质条件，不可与近代的阶级斗争同日而语。

欧洲从封建制向市民社会的转向

马克思当时仿佛是在和开始登上历史舞台的西班牙资产阶级革命相呼应一般，发表了一系列有关西班牙史的研究。其中，马克思关注的是，在西班牙确立了专制主义权力之后，为什么在城市中还保留了中世纪西班牙的自由，以及专制主义通常会带来的中央集权化因之被阻碍的问题。

在作为其答案的如下一节中可以看出，在欧洲，封建制向市民社会的转化被鲜明地形式化了，“回答这些问题并不困难。16 世纪正是大的君主国家形成的时代，它们在各个地方都是随着两个相互敌对的封建阶级——贵族和市民——的没落而产生的。但是在欧洲其他大国里，君主专制是作为文明中心、作为社会统一的开创者而出现的。在那里，君主专制是一个洪炉，各种社会成分都在其中搀合在一起发挥作用，这就使得城市愿意接受资产阶级的普遍统治和市民社会的公共政权而不要中世纪的地方自治。在西班牙则恰恰相反，贵族政治虽趋于衰落，却保持着自己的最恶劣的特权，城市虽已丧失自己的中世纪的权力，却没有得到现代城市所具有的重要意义”。① 马克思设想的除西班牙之外的欧洲的脱中世纪的道路是，“封建阶级——贵族和市民”逐渐衰弱，中世纪的地方自治和主权遭到否定，取而代之的是，“资产阶级的普遍统治和市民社会的公共政权”的诞生，在取得这两个历史成果的基础上，“君主专制是作为文明中心、作为社会统一的开创者而出现的”。但是，“西班牙的君主

① 《革命的西班牙》，《马克思恩格斯全集》第 13 卷，人民出版社，1998 年，第 509 ~ 510 页。

专制同欧洲的一般君主专制只有纯粹表面上的相似，其实，它应该列入亚洲的政体。西班牙和土耳其一样，仍旧是共有一个挂名君主的一批治理不善的共和国”。[①] 所以，在西班牙，“全国性的分工和国内交易的多样性所产生的共同利益的发展”，即“建立统一的管理体系和统一的法律原则的唯一可能的基础”并未被建立起来，这种“东方专制制度只有当地方自治和它的利益直接发生冲突时才触动地方自治，但是当地方自治使它不必亲自做某些事情并使它省却实际管理的麻烦的时候，它是乐意让这种制度存在的”。[②] 其导致的结果就是“中央集权制一直不能生根”，“地方自治在很大程度上还是保留着”。

这里正是表现出“西班牙的地形”这一自然因素和“由于各省分别从摩尔人的统治下解放出来并组成独立的小国而历史地发展起来”[③] 这一历史因素，其对于统治阶级从封建阶级向中间阶级转化起到巨大作用。

英国革命

马克思所提出的如下问题，既具体又简洁。“为什么资产阶级社会在英国以立宪君主制的形式向前发展，要比在法国长久?”[④] 资产阶级革命在英国的特殊性在此被提及。

据马克思所言，英国资产阶级革命和法国相比，最大的不同就

---

① 《革命的西班牙》，《马克思恩格斯全集》第 13 卷，人民出版社，1998 年，第 510 页。

② 《革命的西班牙》，《马克思恩格斯全集》第 13 卷，人民出版社，1998 年，第 510 ~ 511 页。

③ 《革命的西班牙》，《马克思恩格斯全集》第 13 卷，人民出版社，1998 年，第 510 页。

④ 《〈新莱茵报。政治经济评论〉第 2 期上发表的书评》，《马克思恩格斯全集》第 10 卷，人民出版社，1998 年，第 261 页。

是其保守性。有关此保守性，马克思是这样说的："英国革命的保守性是一大难解之谜，他只知道用英国人的深邃的理智来解释，其实这是因为资产阶级同绝大部分大土地所有者之间建立了持久的联盟，而这种联盟使英国革命在本质上不同于以小块土地来消灭大土地所有制的法国革命。这个与资产阶级联合的大土地所有者阶级（它其实在亨利八世时就已经出现了）不同于1789年的法国封建土地所有者，它与资产阶级的生存条件不但没有矛盾，反而是完全协调的。他们的地产实际上不是封建性的财产，而是资产阶级的财产。他们一方面给工业资产阶级提供手工工场所必需的人手，另一方面又能使农业的发展同工商业的状况相适应。因此，他们同资产阶级有着共同的利益，从而结成了联盟。"①

身为大土地所有者的贵族从封建贵族变身为"和资产阶级有共同利益，……和资产阶级结成联盟"的作为近代统治阶级的贵族，这是问题的关键。或者说是资产阶级成功使封建贵族屈服，使其被迫向资产阶级妥协的关键。决定了事态发展结局的是英国革命中议会和国王的斗争，"王权从属于议会的意思就是王权从属于某一阶级的统治，……查理一世同议会之间的全部斗争仅仅是围绕着纯粹政治特权而进行的。为什么议会和它所代表的阶级需要这种特权，……关于查理一世直接干预自由竞争而使英国工商业日益陷入困境，关于持续的财政困难致使查理一世越是想对抗议会却越依赖议会"②，说的就是这个问题。

在这样的王权和议会的斗争史中，共和制的出现和复辟王朝的倒塌这一时期，存在让英国革命独具特色的、带着宗教色彩的特殊

① 《〈新莱茵报。政治经济评论〉第2期上发表的书评》，《马克思恩格斯全集》第10卷，人民出版社，1998年，第265页。

② 《〈新莱茵报。政治经济评论〉第2期上发表的书评》，《马克思恩格斯全集》第10卷，人民出版社，1998年，第264页。

局面。对此局面加以分析后，马克思提出的问题是“宗教运动和资产阶级社会的发展之间的联系”。

“一切地方只有经过残酷的斗争和通过共和政体才能从专制君主制过渡到立宪君主制，甚至当时旧王朝已经混不下去而不得不让位给想篡权的旁系亲属时，情况也一样。”关于英国复辟的君主制崩溃的问题，其产生是有直接原因的。“宗教改革造就的新兴大地主害怕天主教的复兴，因为天主教一旦复兴，他们当然就得归还过去被他们掠夺去的所有教会土地，也就是说，英国全部土地的十分之七都得易主；工商业资产阶级对天主教有所畏惧，天主教根本不利于他们的贸易活动；斯图亚特王朝为了自己和宫廷贵族的利益，毫不在乎地把全部英国工商业都出卖给法国政府，即出卖给当时唯一能在竞争中威胁英国人并在许多方面都取得胜利的国家的政府，以及其他等等。”[①] 马克思纵观阶级斗争以宗教的表象而进行的历史时代，成功地捕捉了隐藏在这一时代背后的现实动机。

如果这在阶级斗争的宗教表象问题上是说得通的，那么其同样适用于阶级斗争的政治表象。与宗教运动和资产阶级社会的发展有关联相同的是，政治体制也和资产阶级社会的发展有密切的关系，“随着立宪君主制在英国的巩固，在英国才开始了资产阶级社会的巨大发展和变革”。[②]

> 在立宪君主制下，工场手工业才第一次发展到前所未有的规模，以致后来让位给大工业、蒸汽机和大工厂。居民中整个整个阶级都消失了，代之而起的是具有新的生存条件和新的需

① 《〈新莱茵报。政治经济评论〉第2期上发表的书评》，《马克思恩格斯全集》第10卷，人民出版社，1998年，第264页。

② 《〈新莱茵报。政治经济评论〉第2期上发表的书评》，《马克思恩格斯全集》第10卷，人民出版社，1998年，第265页。

> 求的新阶级。一个新的更庞大的资产阶级诞生了；当旧的资产阶级在同法国革命进行斗争的时候，新的资产阶级正在夺取世界市场。这个阶级变得如此神通广大，以致在改革法案还没有把政权直接交到它手中就强迫它的对手颁布几乎只对它有利并满足它的需要的法律。它在议会中获得直接代表权，并且利用这种代表权来消灭土地所有制保留的最后一点残余实力。最后，资产阶级这时便致力于彻底摧毁基佐先生所赞叹不已的那座漂亮的英国宪法大厦。[①]

英国革命和英国资产阶级的历史特征，通过与法国的比较已经变得显而易见了。马克思在给恩格斯的信中批判了梯叶里的《第三等级的形成和发展史概论》（1853 年），但是他着重注意的是以下两点。第一，相对于英国资产阶级“由于商业和工业”获得势力而言，“法国资产阶级从最初起，至少是从城市出现以后，就由于自己组成议会和官僚机构等等而获得了极大的影响”，而且，“这毫无疑问地还是现在的法国的特点”。马克思在这里指出将官僚统治作为特色的波拿巴主义的历史根据。第二，法国资产阶级“在各个不同的时期成为重点的各种不同的形式”，另外“通过这些形式而获得影响的各种不同的部分都消失了”，在此期间，法国资产阶级“是如何发展起来的”，这些是理解法国资产阶级社会特殊性的关键。[②] 这些意见，不仅仅是围绕资产阶级，更是考虑到因他们而展开的阶级斗争的国民特殊性的前提而提出的充满启发性的意见。

---

① 《〈新莱茵报。政治经济评论〉第 2 期上发表的书评》，《马克思恩格斯全集》第 10 卷，人民出版社，1998 年，第 265 ~ 266 页。

② 《马克思致恩格斯（1854 年 7 月 27 日）》，《马克思恩格斯全集》第 28 卷，人民出版社，1973 年，第 382 页。

第四章 国家机构和阶级统治

第四个问题点是阶级社会与国家的关系，也就是相关国家机构的阶级性质。

国家和国家形态

经济权力和政治权力相区别，是马克思国家论的基本前提。“在我们面前有两种权力：一种是财产权力，也就是所有者的权力，另一种是政治权力，即国家的权力。”①

与政治权力作为对比的经济权力，相当于对应着国家权力的社会权力，这就意味着通过所有权而掌握社会实权的人即拥有所有者的权力。但是，掌握社会权力的人与掌握政治权力的人并不一定一致。就像当时资产阶级尚未执掌政治大权的德国，就有可能出现“财产的手中并没有政治权力，甚至政治权力还通过如任意征税、没收、特权、官僚制度加于工商业的干扰等等办法来捉弄财产”② 的现象。这

① 《道德化的批评和批评化的道德》，《马克思恩格斯全集》第4卷，人民出版社，1958年，第330页。

② 《道德化的批评和批评化的道德》，《马克思恩格斯全集》第4卷，人民出版社，1958年，第330页。

种情况下，“换句话说，资产阶级在政治上还没有形成一个阶级。国家的权力还没有变成它自己的权力。在那些资产阶级已经夺得政治权力的国家里，政治统治已成为资产阶级对整个社会的阶级统治，而不是个别资产者对自己的工人的统治”[①]，对于这些国家来说，政治权力的执掌者和经济权力的执掌者是基本一致的。也就是说，通过所有权来统治社会的阶级，和掌握政治权力的阶级是一体的。在那样的发达国家中发展着的“现代的资产阶级财产关系靠国家权力来‘维持’，资产阶级建立国家权力就是为了保卫自己的财产关系”。[②]

国家权力即便可以“维持”社会权力，也不可能“创造”出它。[③] 社会权力的形态是围绕所有权关系而产生的社会对立的历史性结局。国家仅仅是接受了这个结局，并将其固定化。所以，比起国家权力，社会权力具有相对的自主性，马克思在讨论“最好的国家形式”时作出如下强调：

> 不掩盖社会矛盾，不用强制的因而是人为的办法从表面上制止社会矛盾的国家形式才是最好的国家形式。能使这些矛盾进行公开斗争，从而获得解决的国家形式才是最好的国家形式。[④]

法律与秩序

国家不能创造出所有权关系，国家不过是维持着社会创造出来的所

---

① 《道德化的批评和批评化的道德》，《马克思恩格斯全集》第 4 卷，人民出版社，1958 年，第 330 页。

② 《道德化的批评和批评化的道德》，《马克思恩格斯全集》第 4 卷，人民出版社，1958 年，第 331 页。

③ 《道德化的批评和批评化的道德》，《马克思恩格斯全集》第 4 卷，人民出版社，1958 年，第 331 页。

④ 《六月革命》，《马克思恩格斯全集》第 5 卷，人民出版社，1958 年，第157 页。

有权关系，这是马克思的基本观点。法律与现实秩序的关系也是同样的。马克思在《资本论》中有着这样的阐述，即如果某种社会关系是通过暴力或者和平方式变成现实，并且持续下去的话，那么在下一个瞬间其必定会成为“取得社会固定性和不以单纯偶然性与任意性为转移的社会独立性的生产方式”。[①] 虽然“在生产过程以及与之相适应的社会关系的停滞状态中，一种生产方式所以能取得这个形式，只是由于它本身的反复的再生产”，当这样的现实被承认时，“总是要把现状作为法律加以神圣化，并且要把现状的由习惯和传统造成的各种限制，用法律固定下来”这样的社会要求也就必然会产生。“在生产过程以及与之相适应的社会关系的停滞状态中，一种生产方式所以能取得这个形式，只是由于它本身的反复的再生产。如果这种再生产持续一个时期，那么，它就会作为习惯和传统固定下来，最后被作为明文的法律加以神圣化。”[②]

法律不会创造现实关系，而是事后去承认现实。这样的话，“社会上占统治地位的那部分人的利益，总是要把现状作为法律加以神圣化，并且要把现状的由习惯和传统造成的各种限制，用法律固定下来”。[③] 如果说应该在法律上承认的现实关系是处于社会统治层利益的影响下，那么在法律上基本无法逾越阶级利益的固定框架也是不言自明的。法律不过是将一旦形成的社会秩序作为“不以单纯偶然性与任意性为转移的社会独立性”加以“固定化”且“神圣化”的事物。这一点，从马克思论及宪法的如下一段中亦可得到确认。

> 从前，通常是社会变革的过程达到一个停顿点，新形成的阶级关系已经固定，统治阶级内部斗争的各派彼此已经求得一

① 《资本论》第3卷，人民出版社，2004年，第896页。
② 《资本论》第3卷，人民出版社，2004年，第896~897页。
③ 《资本论》第3卷，人民出版社，2004年，第896页。

种妥协，使它们相互间可以继续进行斗争而同时把疲惫的人民群众排除于斗争之外，这时才制定和通过宪法。[①]

官　僚

执行权力的膨胀催生了官僚，并非是反向的说法，其历史背景多种多样。马克思当时注意到的是由法国的小块土地所有制、城市中的议员、官僚等构成的法国资产阶级的历史特殊性。[②]

论说《路易·波拿巴的雾月十八日》中，马克思分析了支撑官僚统治的“基地”。据此可知，创造全国范围内各种关系和个人的划一的水平是第一基础。因为，“它也就使得一个最高的中心对这个划一的整体的各个部分发生划一的作用”。第二个基础是“消灭人民群众和国家权力之间的贵族中间阶梯”。因为这可以“引起这一国家权力的全面的直接的干涉和它的直属机关的全面介入”。最后，存在着没有职业的过剩人口“钻营官职，把官职当作一种体面的施舍，迫使增设官职”的社会动机。[③] 这些基础，通通都是法国社会特有的占统治地位的“小块土地所有制”所催生的。在这样的基础或者条件下，官僚（这种“人为等级”）与“社会各真实阶级”并列出现。在满足这种条件的基础上，必须要进一步再创造出政府活动的舞台。原本应该属于市民社会的活动范围被划为政府的活动范围，作为官僚活动的固有领域被包围起来。用法国的情况来说，“这种分工随着

① 《1848年至1850年的法兰西阶级斗争》，《马克思恩格斯全集》第10卷，人民出版社，1998年，第165页。

② 《马克思致恩格斯（1857年7月27日）》，《马克思恩格斯全集》第28卷，人民出版社，1973年，第382页。

③ 《路易·波拿巴的雾月十八日》，《马克思恩格斯全集》第11卷，人民出版社，1995年，第233页。

资产阶级社会内部的分工愈益造成新的利益集团，即造成用于国家管理的新材料，而愈益扩大起来。每一种共同的利益，都立即脱离社会而作为一种最高的普遍的利益来与社会相对立，都不再是社会成员的自主行动而成为政府活动的对象——从某一村镇的桥梁、校舍和公共财产起，直到法国的铁路、国家财产和国立大学止”。这样，“国家才似乎成了完全独立的东西。和市民社会比起来，国家机器已经大大地巩固了自己的地位”。①

因此，庞大的国家机构、庞大的官僚和中央集权就会带来官僚统治和对市民社会的压迫。“在法国这样的国家里，行政权支配着由50多万人组成的官吏大军，也就是经常和绝对控制着大量的利益和生存；在这里，国家管制、控制、指挥、监视和监护着市民社会——从它那些最广大的生活表现起，直到最微不足道的行动止，从它的最一般的生存形式起，直到个人的私生活止；在这里，这个寄生机体由于非常的中央集权而无处不在，无所不知，并且极其敏捷、极其灵活，同时现实的社会机体却又是极无自动性、极其软弱、极不固定；在这样一个国家里，十分明显，国民议会如果不同时简化国家管理，不尽可能缩减官吏大军，如果不让市民社会和舆论界创立本身的、不依靠政府权力的机关，那么它一旦失掉分配阁员位置的权限，也就失掉任何实际影响了。”②

但是，“法国资产阶级的物质利益恰恰是和保持这个庞大而分布很广的国家机器最紧密地交织在一起的”，由此，“法国资产阶级的阶级地位就迫使它一方面要根本破坏一切议会权力、包括它自己的议会权力的存在条件，另一方面则使得与它相敌对的行政权成为不

① 《路易·波拿巴的雾月十八日》，《马克思恩格斯全集》第11卷，人民出版社，1995年，第227页。

② 《路易·波拿巴的雾月十八日》，《马克思恩格斯全集》第11卷，人民出版社，1995年，第172~173页。

可克制的权力”。[①]

这里产生了相对于议会的官僚的上等地位，利用官僚支配的阶级统治得以成立。

公共事业

官僚支配的现实基础是公共事业。因为市民社会没有由国家来代理实施大规模事业的必要，官僚就会以此为借口为了谋求自己的利益将政府活动的对象从市民社会分离出来。《资本论》中有如下一节。“在资本主义生产不太发达的阶段，那些需要很长劳动期间，因而需要在较长时间内大量投资的企业，特别是只能大规模经营的企业，例如筑路、开凿运河等等，或者完全不是资本家经营，而由地方或国家出资兴办（至于劳动力，在较早的时期，多半实行强制劳动）。”[②]

也就是说，大规模的公共事业是国家的物质基础。

但是，这样的公共事业，在现实的阶级关系中，是被用于阶级的收买的。论说《法国的财政状况》中，马克思一边依据《泰晤士报》的报道，一边指出，当时法国财政的悲惨结局产生的原因在于路易·波拿巴在陆海军建设和公共工程建设方面开支庞大，而“兴建这些工程本是为了企业主和无产者的生计和维持他们的良好情绪的”。[③]

这种挽救财政崩溃的方法，就是停止收购、执行军费缩减计划，

---

① 《路易·波拿巴的雾月十八日》，《马克思恩格斯全集》第11卷，人民出版社，1995年，第173页。

② 《资本论》第2卷，人民出版社，2004年，第260页。

③ 《法国的财政状况》，《马克思恩格斯全集》第15卷，人民出版社，1963年，第398页。

并且“最后，还必须完全放弃一直实行到今天的那种开展大规模国家建设及其他公共工程以便使一部分资产阶级和城市无产阶级依附于现政府的计划”。[①]

税　制

税制是国家的基础。所以，“废除捐税的背后就是废除国家”。[②]反过来说，只要国家继续存在，就必须要维持税制。马克思主张，无论是何种捐税制度改革，都无法凌驾于体制的框架之上。“直接以资产阶级生产为基础的分配关系，如工资和利润的关系、利润和利息的关系、地租和利润的关系，但是它从来动摇不了这些关系的基础。所有关于捐税的探讨和争论都以肯定这些资产阶级的关系万世长存为前提。甚至取消捐税也只能加速资产阶级所有制及其内部矛盾的发展。”[③]

当然，虽说如此，并不是意味着所有的税制改革都是没有意义的。比如，“我们关于征税的看法大大地倾向于累进税制，就是说，百分率随收入数额而提高。因为，5 万便士对年收入 1 万英镑的人说来比 500 便士对年收入 100 英镑的人说来要少”。[④]

不如说，捐税在阶级关系中起着更现实的作用。“捐税能使一些阶级处于特权地位，使另一些阶级负担特别沉重，例如我们在金融

---

① 《法国的财政状况》，《马克思恩格斯全集》第 15 卷，人民出版社，1963 年，第 399 页。

② 《〈新莱茵报。政治经济评论〉第 4 期上发表的书评》，《马克思恩格斯全集》第 10 卷，人民出版社，1998 年，第 351 页。

③ 《〈新莱茵报。政治经济评论〉第 4 期上发表的书评》，《马克思恩格斯全集》第 10 卷，人民出版社，1998 年，第 347 ~ 348 页。

④ 《英镑、先令、便士，或阶级的预算，和此预算为谁减负担》，《马克思恩格斯全集》第 12 卷，人民出版社，1998 年，第 657 页。

贵族统治时期看到的情形就是这样。捐税只会使处于资产阶级和无产阶级之间的社会中间阶层遭到破产，因为他们的地位使他们不能把捐税的重担转嫁到另一个阶级的身上。每出现一种新税，无产阶级的处境就更恶化一些；取消任何一种旧税都不会提高工资，而只会增加利润。在革命时期，大幅度增加的捐税可以用作打击私有财产的一种方式，但是即使在这种情况下，捐税不是促使进一步采取新的革命措施，就是最后又造成旧的资产阶级关系的复辟。”①

中央集权

当时，在十小时工作日法案运动中“掀起了一阵……国家活动家的风暴”的是“代表奥尔德姆的下院议员科贝特先生”，其向议会提出“限制机器转动的时间”的议案，围绕此问题，议会产生了一系列的纠纷。提出该议案的科贝特先生，因为是有名的威廉·科贝特的儿子，马克思就动用长文批判了这位父亲，其中有关的一节如下。“威廉·科贝特当年是英国旧激进主义的最有才干的代表，或者更确切点说，是它的创始人。……他探究了政治集权怎样一步步地侵害地方自治，并且谴责这种集权侵犯了英国臣民的权利和自由。他不懂得这种政治集权是工业集中的必然结果。……他没有看到，他所想象的英国人民衰退之日，正是中等阶级地位开始提高、现代商业和工业发展之时，并且与现代工商业的发展同步，人民的物质状况日益恶化，地方自治让位于政治集权。”②

正如马克思所说，政治集权一步步地侵犯地方自治的权力的过

① 《〈新莱茵报。政治经济评论〉第4期上发表的书评》，《马克思恩格斯全集》第10卷，人民出版社，1998年，第348页。

② 《莱亚德的提案。——围绕十小时工作日法案的斗争》，《马克思恩格斯全集》第12卷，人民出版社，1998年，第209～210页。

程，就是中等阶级地位开始提高、现代商业和工业发展的时期，并且随着现代工商业的发展，人民的物质生活日益恶化，地方自治消亡，让位于政治集权。即政治中央集权化的问题，并不是“破坏了英国臣民的权利和自由”这一层次的问题，而是“工业集中的必然结果”。马克思看到的是藏在政治中央集权化背后的工业集中。

军队（或者说暴力）

“国家权力，也就是利用集中的、有组织的社会暴力”[①]，马克思的这句名言，阐释了国家暴力机关的存在是基于针对社会暴力的必要性这一道理。归根结底，对社会来说，“暴力是每一个孕育着新社会的旧社会的助产婆。暴力本身就是一种经济力”。[②] 因此，所谓国家的暴力不过就是被组织、被集中的“直接的暴力”[③]。

国家权力的暴力机构独立化、庞大化也是有可能的，就像官僚组织一样。马克思在波拿巴主义中发现了这种与市民社会敌对的暴力机关，“现在路易·波拿巴公开宣布的政治体制有什么新货色呢？他借助军队来进行统治吗？然而所有他那些从热月政变以来的前辈都是这样做的。不过，虽然在以往各个时期，与法国社会的独特发展相应而起的统治阶级，都依靠军队作为它反对敌手的 ultima ratio（最后论据，极端手段。——译者注），占统治地位的还是社会的一定阶级的利益。在第二帝国时期，军队本身的利益要占统治地位。军队不必再去维持一部分人民对另一部分人民的统治。军队要维持它自己对全体法国人民的统治，即维持它自己的王朝。军队要代表与社会相对立

① 《资本论》第1卷，人民出版社，2004年，第861页。
② 《资本论》第1卷，人民出版社，2004年，第861页。
③ 《资本论》第1卷，人民出版社，2004年，第846页。

的国家”。[①]

市民社会的军事统治成立的同时，构成军队的军人的阶级出身也会发生变化。军人的招募，将突破狭隘的阶级限制向广大的国民扩展。马克思辛辣地讽刺道，虽说这样能“给那些比军队迄今所招募的兵士占有较高地位的居民阶层开辟入伍的途径”[②]，但是“募兵人员的先令和杜松子酒所具有的引诱王国平民参加皇家军队的力量”[③] 依然不会有任何改变。

阶级国家的本质

如果社会是在阶级对立的基础上存在的，那么国家就只能是阶级国家。在马克思的讨论中情况确实如此。所以，“资产阶级国家不过是资产阶级用来对付它的个别成员和被剥削阶级的相互保险的公司，由于统治被剥削阶级日益困难，这种保险必然会日益昂贵，似乎日益脱离资产阶级社会而趋于独立。名称的改变丝毫也不会改变这种保险的条件”。[④]

但是，国家也不是永恒的存在。就像阶级也不会永远存在一样。“共产党人认为，废除国家只有作为废除阶级的必然结果才有意义，随着阶级的废除，自然就没有必要用一个阶级的有组织的力量去镇

① 《御用军人的统治》，《马克思恩格斯全集》第 12 卷，人民出版社，1962 年，第 429 页。

② 《对英国兵士的惩罚办法》，《马克思恩格斯全集》第 11 卷，人民出版社，1962 年，第 574 页。

③ 《爱尔兰的惶恐》，《马克思恩格斯全集》第 12 卷，人民出版社，1962 年，第 714 页。

④ 《〈新莱茵报。政治经济评论〉第 4 期上发表的书评》，《马克思恩格斯全集》第 10 卷，人民出版社，1998 年，第 350 页。

压其他阶级了。”[①] 阶级废除的预想是确实存在的，当市民社会通过自己的双手来夺回被国家机关所掠夺的共同事务时，国家机关的现实基础将首次精简到最小。至此，有关国家废除的预想确实是存在的。

---

① 《〈新莱茵报。政治经济评论〉第4期上发表的书评》，《马克思恩格斯全集》第10卷，人民出版社，1998年，第351页。

第五章
民族解放和殖民地统治

殖民地统治与阶级统治是表里一致的。

被压迫民族的社会生活条件

猛烈地批判了在殖民地呈现的资产阶级文明的极端伪善和它的野蛮本性的马克思，另外深刻地考察了使民族统治成为可能的殖民地具备的特殊历史条件。

让我们试举一下印度的例子。早在成为英国殖民主义的盘中餐之前，印度就存在着自给自足的“原始的规模小的印度公社”①，它形成了基于农业和手工业的独特性结合而产生的印度社会基础。英国的殖民地统治，“破坏了这种小小的半野蛮半文明的公社，因为这摧毁了它们的经济基础；结果，就在亚洲造成了一场前所未闻的最大的、老实说也是唯一的一次社会革命”。② 这的确是依据事实的理解。

---

① 《资本论》第1卷，人民出版社，2004年，第413页。

② 《不列颠在印度的统治》，《马克思恩格斯全集》第12卷，人民出版社，1998年，第142页。

马克思对此事实的批判是具有双重性的。也就是说，他不仅仅批判了蹂躏了印度的英国东印度公司超过“欧洲式专制”[①] 程度的野蛮行径，还批判了因其而被破坏掉的印度“村社制度”的落后性。他的批判，不仅仅停留在对于被投入苦海的印度人民的同情，还立足于人类能不能完成自己的使命这一未来课题的基础上，对于现在的“苦难”，马克思将其定位为无论如何都必须经历的亚洲历来仅有的一次社会革命，这种观点凸显了马克思的立场。我们可以从论说《不列颠在印度的统治》中看出这一点。“从人的感情上来说，亲眼看到这无数辛勤经营的宗法制的祥和无害的社会组织一个个土崩瓦解，被投入苦海，亲眼看到它们的每个成员既丧失自己的古老形式的文明又丧失祖传的谋生手段，是会感到难过的；但是我们不应该忘记，这些田园风味的农村公社不管看起来怎样祥和无害，却始终是东方专制制度的牢固基础，它们使人的头脑局限在极小的范围内，成为迷信的驯服工具，成为传统规则的奴隶，表现不出任何伟大的作为和历史首创精神。……的确，英国在印度斯坦造成社会革命完全是受极卑鄙的利益所驱使，而且谋取这些利益的方式也很愚蠢。但是问题不在这里。问题在于，如果亚洲的社会状态没有一个根本的革命，人类能不能实现自己的命运？如果不能，那么，英国不管干了多少罪行，它造成这个革命毕竟是充当了历史的不自觉的工具。”[②]

这种对于问题的双重批判，是贯穿马克思殖民地理论中的极具特色的主张。

---

① 《不列颠在印度的统治》，《马克思恩格斯全集》第 12 卷，人民出版社，1998 年，第 138 页。

② 《不列颠在印度的统治》，《马克思恩格斯全集》第 12 卷，人民出版社，1998 年，第 142～143 页。

阶级统治与殖民地统治

马克思探讨阶级统治和殖民地统治这一问题的关键，在于考察自由贸易和殖民地统治间的关系。在1853年的论说《东印度公司，它的历史与结果》中，马克思以东印度公司在印度贸易中的作用变化为主轴，明确了英国国内阶级统治的构造变化是怎样改变殖民地统治机构这一问题。东印度公司的成立要追溯到1702年，当时争夺东印度贸易垄断权的各个公司合并成一家公司，即东印度公司。此后，几乎整个18世纪中，在被确立的保护关税制度的基础上，这个东印度公司作为“国家的企业”垄断了印度贸易。这个时代，正是一个被垄断印度贸易的人一边排斥平民，不让他们和印度通商，一边鼓吹自由贸易原则这一匪夷所思的反论所粉饰的时代。所以，马克思将此定位为“这个表面上自由的时代，实际上是垄断企业的时代”，强调了披着自由外衣的意识形态和垄断本质的统治构造这两者的奇妙共存的特点。实际上搞清此问题的关键在于弄清统治了那个时代的阶级霸权的构造，“英国历史上这个时代，实质上很像法国的路易-菲力浦时代，那时，旧的土地贵族遭到失败，而资产阶级只是在金融寡头或《haute finance》〔‘大金融家’〕的旗帜下才占据了土地贵族的位置”。①

“资产阶级初次获得对封建贵族的决定性胜利”是通过“君主立宪制度与享有垄断权的金融巨头结成了联盟”这一方式达成的。而且，促使这一结果产生的是“各个时期和各个地方促使自由派资本与自由派王朝联系起来并结成一体的力量，这个力量就是贿赂的

① 《东印度公司，它的历史与结果》，《马克思恩格斯全集》第9卷，人民出版社，1961年，第167页。

力量”，“在下院排斥平民，不让他们有代表进入下院的同时，东印度公司也排斥平民，不让他们和印度通商”。[①] 解释此种事态的关键，在于产业资本家在阶级性上的不成熟。但是，金融资本家（“金融寡头”）逐渐被产业资本家（“工厂主”或“工业巨头”）所威胁。其产生的结果就是，“1813 年取消贸易障碍以后，英印之间的贸易额在很短的时期内增加了两倍以上。不仅如此。这种贸易的整个性质也改变了。……英国工业品却充斥印度，关税负担很小，或者有名无实，这样就毁灭了一度十分闻名的印度棉织业”。因此，“棉纺织业越来越成为大不列颠整个社会结构的命脉，东印度也越来越成为不列颠棉纺织业的命脉了。”[②]

“金融寡头把印度变成自己的领地，寡头政治用武力征服印度，工业巨头使自己的纺织品充斥印度，他们的利益在此以前是一致的。但是，英国工业界越是依靠印度市场，他们就越是感到在他们摧毁了印度本国的工业之后必须在印度造成新的生产力。一味向某个国家倾销自己的工业品，而不让它也能够向你销售一些它的产品，那是不行的。”[③] 但是，1850 年以后的对印贸易非但没有增加，反而有减少的趋势，“工业界发现，印度对他们的商品的消费力已降到最低点”。由此也可以看出，如果继续维持现状的话，未来走向不明朗是毋庸置疑的。“于是，印度就成了工业界同金融寡头和寡头政治作斗争的战场。工厂主们意识到自己在英国的权势，现在正要求消灭在印度的这些敌对势力，铲除在印度的全部古老的管理机构，彻底消

---

① 《东印度公司，它的历史与结果》，《马克思恩格斯全集》第 9 卷，人民出版社，1961 年，第 168 页。

② 《东印度公司，它的历史与结果》，《马克思恩格斯全集》第 9 卷，人民出版社，1961 年，第 174 页。

③ 《东印度公司，它的历史与结果》，《马克思恩格斯全集》第 12 卷，人民出版社，1998 年，第 168 ~ 169 页。

除东印度公司的权势。”①

从“金融寡头”到“工业巨头”（“工厂主”）的阶级霸权的转移，带来了从垄断贸易向自由贸易这一通商政策上的转变。在此之前，殖民地仅仅作为“对印度的直接搜刮”或者“掠夺巨额财富”的对象，而现在，殖民地作为生产出能够与大量涌入的英国的工业品相交换的物质产品的新的生产力的培育场所而被加以重视。与此同时，阻碍新的生产力培育的全部旧的管理机构变成了沉重的枷锁。

正如上述马克思的言论中已经明确指出的那样，随着本国的统治阶级势力关系的变化，殖民地的阶级管理机构的定位也会随之发生变化，另外，对应了新势力关系的新统治形态，在殖民地统治中也是被不断摸索的。

殖民地统治的方法

> 罗马的‘分而治之’是大不列颠大约一百五十年来用以保有它的印度帝国的金科玉律。不同的种族、部落、种姓、教派和邦国，它们之间的互相仇视一直是英国赖以维持其统治的必不可少的原则。②

马克思就是这样尖锐地道破了殖民地社会内部的对立就是殖民地统治的首要条件这一事实。此外，殖民地统治的第二个条件就是完备的统治机构的设置。并且，贯穿于这种统治机构的原理，第一是官僚制，第二就是暴力。

在1853年写下论说《土耳其战争问题。——〈纽约论坛报〉在下

① 《东印度公司，它的历史与结果》，《马克思恩格斯全集》第12卷，人民出版社，1998年，第169页。

② 《印度军队中的起义》，《马克思恩格斯全集》第16卷，人民出版社，2007年，第164页。

院。——印度的管理》[①] 的马克思，对统治印度的真正统治权力进行了考察。其考察动机则是由在英国议会（下院）关于印度殖民地的财政赤字、征税制度的低效率、司法或法律不完备的责任问题等一系列争论而引起的。而马克思所见的问题点，则是“在我们中间谁是对 15000 万人口的异民族实际进行统治的力量?”是印度总督么?“不错，在印度设有掌握最高权力的总督。但是这个总督又是由设在英国的管理机关来管理的。”将总督简单地看作最高权力者是无法解决实际问题的。

这里，“如果暂且不谈总督，那么问题归结起来就是双重管理的问题”。这个双重管理制度和马克思所说的殖民地统治的框架又是什么呢?当英国政府对东印度公司的事务开始干涉的时候，“对印度的双重管理，即使还没有在名义上，也已经在事实上产生了。1784 年的皮特法令则通过同东印度公司达成妥协，通过使它受督察委员会监督，同时又使督察委员会成为英国内阁的附属物，做到不仅从事实上而且从名义上承认、规定和确立了这个由环境产生的双重管理”。马克思指出的这层关系是，作为英国政府内阁的附属机关的督察委员会，对于直接参与统治事业的东印度公司的监督关系。

> 1833 年法令加强了督察委员会，把东印度公司的股东变成了东印度收入的单纯的抵押贷款人，命令公司卖光自己的所有存货，停止了它的商业活动，而在政治上把它变成一个纯粹的王国政府的受托管理人，……自 1833 年起，东印度公司已经只是在名义上被容许继续存在。

也就是说，如果东印度公司的权力不过是名义上存在的东西，那么真正的掌权者就是“督察委员会”。但是，马克思说“事情并

① 《马克思恩格斯全集》第 12 卷，人民出版社，1998 年，第 191 ~ 204 页。

不完全这么简单”。为什么呢？这是因为，“首先必须看到，设在坎楠路的内阁下属的督察委员会，像一般人认为设在莱登霍尔街的东印度公司一样，也是一个有名无实的机构。督察委员会的委员们虚有其名，最高权力属于委员会主席。……他在任何情况下都保有胡作非为的无限权力，例如，策动足以招致毁灭的战争，而且总是用毫无责任的董事会的名义作掩护。但是另一方面，董事会也不是没有实际权力。……他们的年薪一共只有 300 英镑，但是实际上他们的收入是靠卖官鬻爵，即保荐所有的低级文官和军官，……每份卖缺所得的收入，一般每年不下 14000 英镑”。“所以，督察委员会主席是在董事会的掩护下把印度拖入足以招致毁灭的战争，而董事会则在督察委员会的掩饰下败坏印度的行政机关。”

至此，马克思揭露了统治印度的一个是督察委员会主席，另一个是董事会这个事实。正是构成这些的政治家，才是统治印度的掌权者。但是，实际上不仅停留于此。马克思还说道：“如果我们更深入地考察一下这个畸形的管理制度的结构，就会发现，作为它的基础的，还有一种比督察委员会和董事会更强大的第三种力量，这种力量可以更不担责任，更容易躲过公众舆论的视线、避开公众舆论的监督。”① 这就是官僚。“那么究竟是谁以董事会的名义从事实际的管理呢？这就是印度大厦里的一大群不负责任的秘书、视察员和官员，在这些人当中，如坎伯尔先生在他的《印度管理方案》中所指出的，只有一个人曾经到过印度，并且是偶然去的。因此，即使把卖官鬻爵的交易撇开不说，也根本谈不上董事会的政治方向、原则和制度。真正的董事会，真正的设在英国的印度管理机关等等，就是那个位于莱登霍尔街的常设的不负责任的官僚机关——‘办公

① 《土耳其战争问题。——〈纽约论坛报〉在下院。——印度的管理》，《马克思恩格斯全集》第 12 卷，1998 年，第 191 ~ 204 页。

枭的产儿和宠幸颓风的养子'。这就是说，治理着一个庞大帝国的，还不像过去在威尼斯那样，是由显贵组成的行会，而是一群昏庸老朽的官员和诸如此类的奇怪人物。"①

因此马克思指出，正是这种官僚机构，是统治印度的权力枢纽，正是这些官僚，才是印度的统治者。

但是，英国对于印度的殖民地统治也是建立在暴力的基础上的。"印度的英国统治者，决不像他们想让世人相信的那样，是印度人民的温和宽厚、无可指责的恩人。"马克思阐述这个观点的同时，还援引调查委员会报告及其他资料，揭露了作为殖民地统治的常用手段，到处都在为征税而使用刑讯这一事实。②

有关英国殖民地统治中日常使用暴力——马克思之所以要唤起人们对此问题的注意，是因为恰好在爆发印度民族起义时，英国的报纸（《泰晤士报》）故意且有偏向性地大肆渲染当地居民的残暴行为。"起义的西帕依在印度的暴行，的确是骇人听闻的，可怕的，非笔墨所能形容的，这是只有在武装暴动的战争中，在民族战争、种族战争、特别是宗教战争中才能见到的暴行。"③ 但是，这难道不是"因果报应"吗？马克思是这么说的："西帕依的行为尽管声名狼藉，也只不过是集中反映了英国本身在印度的所作所为，不仅包括其建立东方帝国时期，甚至包括其长期统治的最近十年。为了说明这种统治的特点，只要指出刑讯是英国财政政策不可分割的·部分就够了。人类历史上存在着某种类似报应的东西。历史报应的规律就是，锻造报应的工具的，并不是被压迫者，而是压迫者

① 《土耳其战争问题。——〈纽约论坛报〉在下院。——印度的管理》，《马克思恩格斯全集》第12卷，1998年，第201～202页。

② 《关于在印度实行刑讯的调查》，《马克思恩格斯全集》第16卷，人民出版社，2007年，第302页。

③ 《印度起义》，《马克思恩格斯全集》第16卷，人民出版社，2007年，第334页。

自己。”[①]

“即使就目前这次灾难来说，如果认为一切暴行都是西帕依干的，英国人则体现了人类的一切善良天性，那就大错特错了。”让人尤其印象深刻的是，马克思揭发了鸦片战争时英军“强奸妇女，枪挑儿童，焚烧整个整个的村庄，完全是卑劣的寻欢作乐”[②]这一事实，以及在这次“印度起义”的镇压中发生的无数的杀戮及其他残忍行为的事实，实际上，“土著人的暴行，本身已令人震惊，又往往被故意渲染夸大”。[③]

但是，殖民地的暴力统治中也存在着各种各样的形式。“和过去英国对爱尔兰的压迫相比较，……目前的制度已经是温和的了”这种错误认识的产生，也是因为人们被眼前所见的这种形式的变化误导了。马克思指的是爱尔兰的警察统治。实际上，比起军事统治来说，警察统治的“压迫虽然形式上不那么野蛮了，但实质上却是毁灭性的，除了或者英国自愿解放爱尔兰，或者进行一场殊死的斗争之外，没有别的出路”。[④]

那么在爱尔兰究竟发生了什么呢？马克思在1859年的论说《爱尔兰的惶恐》中描写了那令人绝望的情景。“悬赏破获秘密社团的告示栏刚一贴出”，“间谍、告密人、伪证人和挑衅者”的地下活动便开始了，“密探就忙碌起来了，开始夜间捕人，进行秘密调查；对阴谋分子的搜捕从西南扩展到东北；在莫纳根郡演了不少滑稽剧，拜耳法斯特的惊慌不安的居民亲眼看到几十个教员、职员和店员被

---

① 《印度起义》，《马克思恩格斯全集》第16卷，人民出版社，2007年，第334页。

② 《印度起义》，《马克思恩格斯全集》第16卷，人民出版社，2007年，第335页。

③ 《印度起义》，《马克思恩格斯全集》第16卷，人民出版社，2007年，第336页。

④ 《1867年12月16日在伦敦德意志工人共产主义教育协会所作关于爱尔兰问题的报告的提纲》，《马克思恩格斯全集》第21卷，人民出版社，2003年，第342页。

押着从大街走过，被关进了监狱。由于诉讼程序蒙上了神秘的色彩，事情被弄得更糟了。被捕者没有一个得到保释，夜间搜捕成了司空见惯的现象，全部侦查都严守秘密，据以进行逮捕的证件通常谁也未曾见到过，法官奔忙于自己的法庭和都柏林堡的接待室之间”。①

一连串的取缔活动，都是以秘密社团为借口展开的。“目前，在爱尔兰，除了农业地区的社团外，没有任何秘密社团存在。但是，谴责爱尔兰产生出这种社团并不比谴责森林长出蘑菇更合逻辑。爱尔兰的地主们已联合起来残酷无情地反对贫穷的佃户，或如他们所说的，进行经济上的实验——清除国内的多余人口。他们打算像有的女仆消灭害虫那样毫不客气地消灭爱尔兰的小佃农。这些被弄得走投无路的不幸的人们想要进行微弱的反抗，才组成了散布在全国各地的，只能进行个人复仇行动的秘密社团。”②

在殖民地的这种绝望的背景下，如果运用悬赏金或告密这种手段，那么事态只能变得如泥塘一般颓废不堪。“为揭发爱尔兰秘密社团而悬的赏金所具有的建立那些所要加以揭发的社团的力量。每个郡内都立即出现了一批叛徒，他们冒充革命代表在农业地区四处游荡，招募革命党，要他们宣誓，然后告发这些受骗者，把他们送上绞架，并把沾满鲜血的钱放进腰包。”③

就这样，社会被相互猜忌包围，人与人之间反目和敌对现象日益增多。这正是统治者们所打的如意算盘。

---

① 《爱尔兰的惶恐》，《马克思恩格斯全集》第 12 卷，人民出版社，1962 年，第 713 页。

② 《爱尔兰的惶恐》，《马克思恩格斯全集》第 12 卷，人民出版社，1962 年，第 714 页。

③ 《爱尔兰的惶恐》，《马克思恩格斯全集》第 12 卷，人民出版社，1962 年，第 714 页。

殖民地建设的基础

但是，马克思所讽刺的是殖民地统治催生了殖民地建设的基础。从这一问题中，我们可以看到马克思独到的眼光。他不仅仅只是直视了被掠夺这一事实。掠夺者在其掠夺的过程中发现了可以实现掠夺的基础。我们应该注意到以《不列颠在印度统治的未来结果》[①] 为题的这篇论文。其中的相关论证是以下文开始的："英国在印度要完成双重的使命：一个是破坏的使命，即消灭旧的亚洲式的社会；另一个是重建的使命，即在亚洲为西方式的社会奠定物质基础。"

所谓破坏，就是"消灭旧的亚洲式的社会"，所谓建设是指在亚洲社会植入政治统一和近代社会的经济基础。这种被强加的政治统一"将通过电报而巩固起来，永存下去"，被强加的印度军队，也可以说"是印度自己解放自己和不再一遇到外国入侵者就成为战利品的必要条件"。至于"从那些在英国人监督下在加尔各答勉强受到一些很不充分的教育的印度当地人中间，正在崛起一个具有管理国家的必要知识并且熟悉欧洲科学的新的阶级"也是事实。

这种建设的基础，是英国的"工业巨头"们超越了其直接需要而不得不产生的后果，"工业巨头们发现，使印度变成一个生产国对他们大有好处，而为了达到这个目的，首先就要供给印度水利设备和国内交往手段。现在他们正打算用铁路网覆盖整个印度。他们会这样做。其后果将是无法估量的"。

就这样，为了掠夺而诞生的阶级武器转变成为民族解放武器的

---

① 《马克思恩格斯全集》第12卷，人民出版社，1998年，第245～252页。

可能性，正逐渐增强。

但是，这种基础不过是殖民地解放的一个客观条件，且仅仅是一个可能性。如果没有主观条件，无论殖民地解放还是建设都是不可能的，可能性不会转化为现实性。马克思在总结这一论述时，将目光集中在殖民地解放之后的问题上。“英国资产阶级将被迫在印度实行的一切，既不会使人民群众得到解放，也不会根本改善他们的社会状况，因为这两者不仅仅决定于生产力的发展，而且还决定于生产力是否归人民所有。”①

反殖民地斗争

反殖民地斗争或者民族解放斗争锤炼了其解放的主体。现在让我们依次看看马克思所提到的几个实例。

第一个是1857年在印度爆发的起义。被称为“土兵起义”的武装起义，对当时的英国统治阶级给予了巨大打击。与将其视为以回教徒为中心的军事暴动（“土兵起义”）的说法相反，马克思强烈认为这次起义超越了“不同种族、部落、种姓、教派和邦国”间的彼此仇视，而“一致反对他们共同的统治者”。② 应该注意的是，扣动了此次斗争的扳机的契机是在殖民地统治中孕育出来的。有关殖民地统治的暴力（军事）机构，“一眼即可看出，印度人民的顺从依赖于土著军队的忠诚”。另外，“英国当局建立土著军队的同时，也就组织起了印度人民过去从未有过的第一支核心的反抗力量”。③

---

① 《不列颠在印度统治的未来结果》，《马克思恩格斯全集》第12卷，人民出版社，1998年，第245～252页。

② 《印度军队中的起义》，《马克思恩格斯全集》第16卷，人民出版社，2007年，第165页。

③ 《印度军队中的起义》，《马克思恩格斯全集》第16卷，人民出版社，2007年，第164页。

这个例子，很好地证明了殖民地解放斗争可以超越“不同种族、部落、种姓、教派和国家”，以及将殖民地的统治机构本身变为反抗者自己的军火库的可能性。

第二个实例，就是因爱尔兰解放而进行的芬尼运动。马克思虽然对其充满阴谋的战术敬而远之①，但是对于支撑这种行为的理念，以及为此殒命的“爱国者”，马克思并没有吝啬他支持的声音。他所关注的是，相对于“在以前所有的爱尔兰运动中，人民只是跟着贵族或者中间阶级人士跑，而且向来是跟着天主教教士跑”而言，此次芬尼运动首次在爱尔兰本土进行，而且“这个运动只是扎根于（并且至今仍然真正扎根于）人民群众即下层阶级中”。② 也就是说，与以往的解放运动不同，芬尼运动是首次以“爱尔兰人民群众”为支持基础的解放运动。

这个例子表现出的是，民族解放运动由于带有阶级性的担当者的特点，其性质在很大程度上也有改变的可能性。

表现出民族解放运动与带有阶级性的担当者间关系的第三个实例则是西班牙的独立运动，即对抗法国的民族解放运动。当 1807 年拿破仑以提尔西特条约为借口进攻西班牙时，西班牙的“上层阶级的一些代表把拿破仑看成上天赐来复兴西班牙的人物，另外一些人则把他看成反对革命的唯一支柱；谁也不相信这是进行民族抵抗的好机会”。因此，“从西班牙独立战争一开始，上层贵族和旧官员就失去了对资产阶级和人民的任何影响，因为从斗争一开始，他们就背弃了资产阶级和人民。……看起来，整个运动与其说是拥护革命

① 《爱尔兰的惶恐》，《马克思恩格斯全集》第 12 卷，人民出版社，1962 年，第 711 页。

② 《1867 年 12 月 16 日在伦敦德意志工人共产主义教育协会所作关于爱尔兰问题的报告的提纲》，《马克思恩格斯全集》第 21 卷，人民出版社，2003 年，第 341 页。

的，不如说是反对革命的。这个运动是民族运动，因为它宣布西班牙脱离法国而独立；同时这个运动又是王朝的，因为它拥护‘受爱戴的’斐迪南七世而反对约瑟夫·波拿巴；这个运动是反动的，因为它拥护旧的制度、习惯和法律而反对拿破仑的合理的革新；这个运动是迷信的和充满宗教狂热的，因为它拥护‘圣教’而反对所谓法国无神论，或者说，反对取消罗马教会的特权”。[①] 也就是说，此独立战争是带着反动色彩的。但是，这其中“还有一个把人民反对法国侵略的斗争看成西班牙政治和社会复兴的信号的活跃的、有势力的少数。这个少数是由港口、商埠和某些省会的居民组成的，这些地方在查理五世统治时期，现代社会的物质条件就有了一定程度的发展。由于贵族和资产阶级中的优秀分子、作家、医生、律师甚至僧侣（比利牛斯山脉也没有阻挡住 18 世纪哲学对他们的影响）的支持，这个少数派变得强大了。……最后，少数派中还有资产阶级青年，例如大学生，他们热烈地接受了法国革命的理想和原则，有一个时期甚至希望依靠法国的支持来复兴祖国”。[②]马克思在此指出的是在阶级状况尚未成熟的国家开展民族解放运动时少数的“贵族和资产阶级中的优秀分子”，以及“资产阶级青年”将会起极大进步作用的可能性。

通过上述几则实例可以明确的是，马克思认识到民族解放斗争根据其被置于的历史社会条件将会以无限多彩的形式展开。

---

① 《革命的西班牙》，《马克思恩格斯全集》第 13 卷，人民出版社，1998 年，第 515 页。

② 《革命的西班牙》，《马克思恩格斯全集》第 13 卷，人民出版社，1998 年，第 516 ~ 517 页。

第六章
小　结

以上论述，在各个问题领域尝试对马克思的阶级概念进行再建造。首先，明确了“阶级”的社会科学含义；其次，阐明了在此概念中反映出的社会阶级存在的各种状况，进一步概观了阶级斗争的存在状态，证明国家机构和殖民地统治是与阶级统治密切相关的。这里可以明确的是：一些人认为，马克思之后的工业社会的构造变化致使其阶级观念的有效性消失殆尽，这种观点是不存在理论根据的。另外，股份公司的出现，也是存在于他的理论研究中的。他的论证建立在工人阶层化的基础上，而且其根据不仅仅在于熟练度。有关阶级斗争，他的视角也是远远地超越了“制度化”的维度，是既现实又灵活的。对于社会流动、能力主义、学历等现代问题的批判也可在他的论证中找到。时至今日，“平等化”的进程不是作为现实而是作为一种理念被讨论。而马克思的视点与“各阶级的平等”相反，他所注意的问题是“阶级的消亡”，乃至“国家的消亡”。由此可见，今日的现状远远不及马克思对于人类史展望的射程。社会存在于对立的基础之上，在撰写人类史的历史过程中，马克思也认为不仅仅只有阶级代表社会的对立（基于性别、宗教、民族、人种而产生的对抗与阶级对抗是两码事这一认识）。关于“解放”的实现，马克思提出这一问题的目的在于让“生产力归人民所有”，此问题仍是人类史上的待解课题，目前暂无法作出解答。

如果我们的眼光不拘泥于马克思的论证，这些事实也绝不是难以理解的。不幸的是，当批判者的讨论中包含着“虚假问题”的时候，比如，把在股份公司中可以看出的以“所有与经营（统治）的分离”这一问题作为阶级否定论的根据时便是如此。这种“分离”是用来表现资本主义高度发展的一个侧面，如果仅限于此的话，那么此现象足以体现在马克思的理论视野之内。所以，用这个来说所有与经营（统治）的根本性一致被有条理地否定了，即理解为不仅是早期个人资本家的消亡，甚至包括资本家阶级成立的普遍性依据全部不复存在是没有道理的。如让人用初等数学公式无任何媒介地解释高等数学术语的意思一样地不合理，其原因正是潜藏在这种出题方式的内部。被发展的外表蒙住了双眼，从而迷失了潜藏在底部的真理这一现象，在“新中间阶层”这一概念的提出过程中也显著呈现出来。虽说衣领的颜色从蓝色变为白色，但是工人阶级无法摆脱自身背负的命运。这个道理，马克思已经在有关“商业雇佣工人”的论证中提到过了。将白领工人美其名曰“新中间阶层”，并据此试图说明工人阶级全盘消亡，而事实证明这是恣意妄为地将迄今为止的工人阶级误解并等同于蓝领工人。这样的话，事情似乎就不是现实变化或发展的问题，而是对其加以考察的社会科学者的研究方法或研究态度问题。

附录 1 洛伦兹·冯·施泰因初期的阶级社会论*

洛伦兹·冯·施泰因[①]与德国社会学

洛伦兹·冯·施泰因由于对运动史的关注而被定罪为“普鲁士的间谍”[②]，随后，他对思想史的关注先于马克思对“阶级斗争论”产生影响，或许正因为以上两点，他得到了赫斯（Moses Hess）的高度评价[③]，但是他所提出的理论在社会学史上的意义却并未受到重视。例如，维泽（Leopold von Wiese）将施泰因归类于“德国的百科

* 本文译者：李晓魁，日本一桥大学特别研究员；武萌，清华大学当代国际关系研究院博士。

① 洛伦兹·冯·施泰因（Lorenz von Stein，1815～1890），德国政治学者、社会学者，被称为德国社会学和社会国理论的创始人，在法学、公共管理学、财政学等领域亦多有建树。早年在基尔大学、耶拿大学攻读法学和哲学，后曾到柏林、巴黎访问学习，1855 年起在维也纳大学任教。其一生著述颇丰，主要著作包括：《今日法国的社会主义和共产主义》（1842）、《法国社会运动史》（1850）、《国家学体系》（1852～1856）、《财政学》（1860）、《行政学》（1865～1882）、《行政学和行政法学手册》（1870）、《德国当代和未来的法学和国家学》（1876）等。

② Grolle，J.，Lorenz Stein als preussischer Geheimagent，in Archiv für Kulturgeschichte，Bd. 50（1968），SS. 82－96.

③ 高島善哉編『社会思想史概論』、岩波書店、1962、232 頁。

全书派旧社会学（Soziologie）”流派，并进行了如下论述：“施泰因的特征在于，他的‘社会学’（Gesellschaftslehre）是国家学的一部分。虽然他在对‘市民社会’的社会结构（soziale Gebilde）的认识上有着巨大的贡献，但是这应该与理论社会学（theoretische Soziologie）中的‘社会（Gesellschaft）’这一抽象的一般概念完全区分开来。”①

这样的否定评价，不过是无视社会作为实体所具有的“内容”，仅仅是站在从作为残渣的“形式”中来观察“社会学”的形成这一方法论立场上得出的结论。而站在市民社会自我表现的社会学立场上来看，施泰因正是试图在这种“内容”和“形式”的对立统一中把握社会运动的原理，由此他才有资格被称为德国社会学的创始人。②

施泰因的社会学可谓是真正通过黑格尔《法哲学原理》中所说的“实在论的转向”③而进行的“试图将阶级斗争原理与客观的科学社会学理念相融合的系统性尝试”④。不论其理论在多大程度上被认为是受到黑格尔的深远影响，不论其改良主义立场的姿态多么鲜明，施泰因在阶级社会论的展开这一点上，是超越了其导师黑格尔的，他将市民社会中的矛盾置于阶级对立中进行透彻观察的贡献是无出其右的。

本文将根据在此之前从未被探讨过的《今日法国的社会主义和共产主义》的增补第2版⑤的内容，对施泰因的阶级社会论进行简单的概括，并指出其存在的问题。这一文本（即第2版）将该书的初版⑥

---

① Wiese, L. V., *Soziologie-Geschichte und Hauptprobleme*, 1922, S. 71.

② 例如，奥本海默将马克思与施泰因称为德国社会学的始祖，可以说这是正确的评价。Oppenheimer, F., *System der Soziologie*, Erster Band, 1922, SS. 38 – 56.

③ Freyer, H., *Soziologie als Wirklichkeitswissenschaft*, 1930, S. 122.

④ Marcuse, H., *Reason and Revolution*, 1955, p. 329（桝田啓三郎・中島盛夫・向来道男共訳『理性と革命:ヘーゲルと社会理論の興隆』、岩波書店、1961、365頁）.

⑤ Stein, L. v., *Der Socialismus und Communismus des heutigen Frankreichs.* Ein Beitrag zur Zeitgeschichte, Zweite, umgearbeitete und sehr vermehrte Ausgabe, Leipzig, Verlag von Otto Wigand, 1848.

⑥ Idid., 1842.

中并未单独罗列的“理论篇”整理成章并作为序论，阐述了早期特别是1848年欧洲革命到来之前施泰因所主张的社会理论的内容。[①]

社会论——市民社会的原理(基于劳动的所有)及其批判

施泰因的社会理论主要围绕三大课题展开。第一，建构市民社会的一般概念；第二，在此基础上阐明市民社会中的支配关系是如何形成的；第三，由上述两点推演出社会运动发生的根源。以下将对这些要点进行逐条分析。

（一）施泰因认为社会的一般概念由劳动、财货、所有三个要点构成。

首先，分工被置于最基础的位置上。施泰因认为，分工是人类劳动彼此依存的证据。分工体现了人类劳动的共同性[②]、统一性[③]、秩序性[④]这三个基本原理，只能说“人类整体的相互依存是通过人类整体的共同劳动的秩序呈现出来的”[⑤]。

施泰因观察了在分工之中共同劳动结构的形成过程，进一步主张“由于人类形成了劳动共同体这样的结构，其必然会构建出人类财货的分配秩序”[⑥]。这时，一方面，“共同的人类劳动秩序以及因此而被施以附加条件的共同的人类财货分配秩序，必然会催生人类

---

① 当时，施泰因积极参加石勒苏益格战争，并曾担任常驻巴黎代表。目睹1848年革命的施泰因，对无产阶级运动的进步性更加感到绝望。有人指出，此后，其理论内容发生了变化。cf. Pankoke, E., Sociale Bewegung-Sociale Frage-Sociale Politik. Grundfragen der deutschen “Socialwissenschaft” in 19. Jahrhundert, 1970, SS. 87 – 99.

② Stein, L. v., *Der Socialismus und Communismus des heutigen Frankreich*, 2. Aufl., 1848, S. 18.

③ Ibid., S. 19.

④ Ibid., S. 19.

⑤ Ibid., S. 19.

⑥ Ibid., S. 20.

相互间的权力秩序”[1]，另一方面，对于被分配给个人的财货，出现了“对外的不可侵犯性和对内的无条件的处分权，也就是权利”这种情况[2]，同时“由于权利被承认而赋予一般财货另一种性质。……对于一般财货的个人份额，因为权利而将其划分为独立不可侵犯的生活领域，从而实现了所有”[3]。

也就是说，“所谓社会，就是通过将一般财货分配至个人而成立的人类共同体的秩序”[4]，同时，“这种分配，通过人格所有的权利得以存续”[5]。

施泰因在分配这一财货的过程中观察了共同劳动的构造，他认为人类共同体秩序是通过权利和所有来规定财货的分配秩序。这其中包含了两点认识：其一，基于劳动的所有而进行的财货分配是人类共同体秩序形成的基础；其二，所有是权利的普遍性的基础。

（二）施泰因从基于劳动的所有催生出的从属关系，来解释社会支配关系的形成。

其前提就是基于劳动的所有。[6] 但是，这个前提中，包含着两种情况，一种是“所有比个人劳动力大”[7]，另一种是“个人所有比其劳动力要小”[8]。前者是需要他人劳动的人（所有者），后者是需要他人生产资料（der Stoff）的人（无所有者）。在这样的关系中，

① Stein, L. v., *Der Socialismus und Communismus des heutigen Frankreich*, 2. Aufl., 1848, S. 21.

② Ibid., S. 22.

③ Ibid., S. 22.

④ Ibid., S. 25.

⑤ Ibid., S. 25.

⑥ Ibid., S. 26.

⑦ Ibid., S. 26.

⑧ Ibid., S. 26.

“所有者以权利为盾，既可以让渡生产资料，又可以不让渡生产资料”[①]，“他亦可规定将生产资料让渡给劳动者时的条件”[②]，但是由于“这类生产资料对于劳动者来说是绝对必要的东西”[③]，“对于劳动者来说，不论其死活，都无法逃脱所有者提出的条件”[④]。因此，“在劳动与所有这一关系中，只看重与劳动者相比之下所有者个人权力的大小。这个关系，可以说是包含着所有者对于劳动者的支配关系，以及前者对于后者的从属关系”[⑤]。

而且，不可不提的是，在这种情况下，支配关系同时又是权力关系。因为“最高的财货所有催生出最高的权力，欠缺财货所有则会导致无权力状态”[⑥]。

综上所述，施泰因明确了在劳动与所有的两极分化中，基于劳动的所有转化为支配、从属关系这一问题。

（三）施泰因认为，社会变动只能是围绕非劳动所得进行的劳动与所有的对立运动。

他承认基于生产资料所有而取得的非劳动所得具有“决定性意义”[⑦]。也就是说，非劳动所得是“作为与生产资料利用的交换，劳动者从其收入中支付给所有者的份额”[⑧]，即“经济学上所说的租金（Rent）”[⑨]，这本来是劳动所创造的收益。“租金受到收益的限制，租

① Stein, L. v., *Der Socialismus und Communismus des heutigen Frankreich*, 2. Aufl., 1848, S. 26.

② Ibid., S. 26.

③ Ibid., S. 26.

④ Ibid., S. 26.

⑤ Ibid., S. 26.

⑥ Ibid., S. 26.

⑦ Ibid., S. 28.

⑧ Ibid., S. 28.

⑨ Ibid., S. 28.

金的增加不能超过一定的限度。"① 但是，"对于个人来说，非劳动所得不需要经过劳动，必然会催生贪图享受的欲望。就像享受自身没有边界一样，这种欲望也是无边无际"②。这样的话，"所有者的欲望超越租金的时刻就会到来。正是这个时间点，对于旧时代的社会关系来说具有决定性的意义"③。社会变动的起始，就是从此刻开始的。

综上所述，施泰因阐明了在无限的欲望和有限的劳动这一两极分化中，非劳动所得成为社会变动的中心范畴这一事实。

（四）施泰因将社会构造论、社会关系论、社会变动论依次展开论述，他所一贯追求的是以劳动为基础的所有经过分裂逐渐转化为其对立面的理论。

将市民社会的基本原理在"基于劳动的所有"中加以考察，毋庸置疑，这起源于洛克。但是，洛克所主张的"基于劳动的所有"这一"自然权利"理论，对于一无所有的劳动者来说只能是劳动力商品化的理论，或许正如麦克珀森所说，洛克倡导的市民社会的构成要素中，并不包含劳动者阶级。④ 在此意义上，"他（洛克）的自然权利这一假说，归根结底，其理论自身就是可以让阶级状况得以正当化、并对这一结果加以保证的根据"⑤。虽说如此，洛克所谓的"将必然伴随着阶级性内容的权利和义务加以一般性（即，非阶级的）意义的论述的尝试"，仅仅是作为包含在他的理论中的"矛盾"和"不明确"之处而表现出来的。⑥ "基于劳动的所有"向其对立面转化的理论，对于洛

---

① Stein, L. v., *Der Socialismus und Communismus des heutigen Frankreich*, 2. Aufl., 1848, S. 29.

② Ibid., S. 29.

③ Ibid., S. 29.

④ Macpherson, C. B., The Political Theory of Possessive Individualism, *Hobbs to Locke*, 1964, p. 248.

⑤ Ibid., pp. 250 - 251.

⑥ Ibid., pp. 238 - 251.

克来说依然是潜在性的、不自觉的状态。将此理论纳入阶级关系中、作为“二律背反”而有意识地进行规范研究的，正是施泰因。[①] 当然，如果要将此理论作为历史理论再度加以雕琢，即一方面给出关于积累的历史理论（即资本原始积累理论），另一方面，给出劳动者阶级创造历史的理论，就有必要对“大所有”排挤“小所有”这一历史事实进行规范性解读，以作为讨论上述两个方面问题的背景。这就是后来马克思的历史理论所解决的课题。[②]

（五）在这种市民社会的原理向其对立面转化的事实面前，施泰因认为解决这种问题的关键在于国家。即，他将因个人利害的对立而受到困扰的市民社会作为非人格共同体看待，与之相对，将国家作为人格共同体来看待。这时，国家是代表普遍意志的具有人格性的构成，相反的，社会则是非人格的存在，也就是说，社会的构成与运动不受普遍意志的影响，而是自发的、在生活要素的基础上形成的、人类共同体的普遍且固定的秩序。[③] 从这个定义中导出的国家之任务，是代替社会来保障在社会中无法实现的个人人格的发展。[④]

在这样的认识中，国家克服了市民社会的局限性，同时，也是实现普遍性的绝对者。黑格尔的国家观及其以君主制（立宪君主制）为最优的国家形态论，显然对上述认识产生了影响。但是，与黑格尔不同，对于施泰因来说，在国家之中，市民社会的对立完全被扬弃是不可能的。施泰因深知国家权力是作为阶级支配的手段而存在的[⑤]，一

---

① Sanctis, F. d., Eigentum und Arbeit in der Steinschen Wissenschaft der Gesellschaft, in R. Schnur (Hrsg.): Staat und Gesellschaft. Studien über Lorenz von Stein, 1978. SS. 314 – 315.

② 参见《资本论》第1卷，人民出版社，2004年，第24章。

③ Stein, L. v., *Der Socialismus und Communismus des heutigen Frankreich*, 2. Aufl., 1848, S. 57.

④ Ibid., SS. 57 – 58.

⑤ Ibid., S. 59.

方面被统治阶级试图掌握国家权力[1]，另一方面统治阶级为与其对抗而试图捍卫国家权力[2]，结果便是，阶级斗争必然成为以夺取国家权力为中心而进行的斗争。[3] 如此一来，可以说施泰因认为，作为政策主体的国家对于市民社会具有优先性，这种认识并不一定否认将国家的存在归因于市民社会的基本规定性这一一般性见解。

阶级论——无产阶级与机械化劳动

（一）施泰因将“本世纪（19世纪。——译者注）普遍的经济现状，即资本对于劳动的胜利，以及随之而来的所有者对于非所有者的支配”[4] 视为根本问题的前提。即，他主张以财货为中心的所有关系潜藏在显现出来的社会权力关系[5]的背后，支配这个所有关系的“法则”是“以财货生产过程中资本与劳动的本性为基础的”[6]。

资本具有集中、积累的绝对倾向，其结果就是随着资本的权力膨胀，“生产的法则将人类划分为两大阶级——所有者阶级与劳动者阶级，可以说其阶级间的流动并非依靠自我人格的努力，而是单纯地被命运所支配”[7]。因此，“我们可以得出这样的结论，今日社会所面临的斗争就是资本与劳动力之间的斗争”[8]。

但是，“这仅仅是财货生活以及国家生活中的普遍事实”[9]，无

---

① Stein, L. v., *Der Socialismus und Communismus der heutigen Frankreich*, 2. Aufl., 1848, S. 37.

② Ibid., S. 37.

③ Ibid., S. 37.

④ Ibid., S. 40.

⑤ Ibid., SS. 36 – 37.

⑥ Ibid., S. 37.

⑦ Ibid., S. 38.

⑧ Ibid., S. 39.

⑨ Ibid., S. 40.

法说明今天社会上的“无产阶级的本质及内容”[①] 这一具有代表性的现象。这也是根本问题。

（二）为了说明这一问题，施泰因将“前世纪末（18 世纪末）”定位为“机械首次作为劳动力、作为新的且重要的要素而出现的时代”[②]。“技术科学以及生产消费学说包含了超出此前预想的范围之外的学科，毫无疑问，财货生活也将迎来新的时代。”[③]

机器的导入对社会产生了双重影响。一方面是对于劳动与工资间关系的影响，另一方面是对于分工的影响。换言之，第一，根据施泰因的主张，机器导入所产生的结果，就是促进了“机器劳动”这一低工资且为现代所特有的劳动范畴的成立。这种劳动是“按照机器的属性进行分工”[④] 的结果，“因此，机器劳动者自身沦落为巨大工厂中的一个齿轮，失去了概观其活动全貌的自由，同时这也意味着面对包含着多种现实要素的企业，他们失去了经营的机会”[⑤]。第二，这种劳动以劳动者的空间集结为条件。也就是说，“他们主要集中在特定的场所这一事实”[⑥] 变得重要起来。原因在于，“如果要将多种劳动组合起来，那么劳动者任何空间上的分离，都势必会转变为时间与金钱的损失”[⑦]。

施泰因指出了机器劳动的形成这一新的特殊原因，再加上他认清了劳动与资本的对立这一一般前提，可以说他正确地认识了当时无产阶级产生的历史阶段。因此，将无产阶级视为过去的一无所有的阶级

---

① Stein, L. v., *Der Socialismus und Communismus der heutigen Frankreich*, 2. Aufl., 1848, S. 39.

② Ibid., S. 40.

③ Ibid., S. 40.

④ Ibid., S. 44.

⑤ Ibid., S. 44.

⑥ Ibid., S. 45.

⑦ Ibid., S. 45.

这一论调变得不值一提，也就是说“将今天的无产阶级等同于旧时代的无所有阶级后裔的人们，就相当于将机器视为手工业的后裔”[①]。

（三）根据以上论述，施泰因将进行机器劳动的劳动者阶层作为无产阶级，并归纳出三点基本特征。

“现代无产阶级的性格中的第一点，也是最普遍的要素”就是劳动者对人格所有（persönlicher Besitz）的反抗。[②] 但是，仅凭这一特征，“无法充分掌握无产阶级的全面性质”[③]。其原因在于，由于这是对于私人所有的反抗，而以私人所有为基础是全社会共通的特点，因此其“实际上是完全消极的”[④]，“因此，比起这种基本法则，发现新的特征成了问题点”[⑤]。

成为“现代无产阶级整体的、积极的且具有实践性的转折点”[⑥]的这一新的“原理”，就是“财货的分配并不以人格所有（persönlicher Besitz）为依据，只应该以人格劳动（persönlicher Arbeit）为条件”[⑦]。承认此新原理就得到第二个特征，“劳动大众开始形成内在的全体性的同时，也对此达成了精神上的内在自觉。并且更进一步，通过对此的承认，每个人都开始踏出无所有者的领域，进入无产阶级的行列”[⑧]。

最后，还存在着“将现代无产阶级从本质上与过去的类似现象加以区别这一必要性”的特征[⑨]。无产阶级的存在是由支配国家社

① Stein, L. v., *Der Socialismus und Communismus des heutigen Frankreich*, 2. Aufl., 1848, Ibid., S. 46.

② Ibid., S. 51.

③ Ibid., S. 51.

④ Ibid., S. 51.

⑤ Ibid., S. 51.

⑥ Ibid., S. 52.

⑦ Ibid., S. 52.

⑧ Ibid., S. 52.

⑨ Ibid., S. 53.

会秩序的上述原理推出的严密结论。也就是说，“自由人格原理，无论是在历史上还是在理论上，至少原本都是无产阶级的主义所主张的，也是无产阶级自始至终一贯追求的意向之一；由于这一人格原理（das Princip der Persönlichkeit）得到国家和社会的承认，无产阶级也主张凭借国家和社会来实现这一意向”①。

（四）以上所述的施泰因的阶级论，是将以机器化大生产为基础的近代劳动者与单纯的无所有者相区别，把无产阶级作为有着目的意识的机器劳动者来把握其特征，这一点具有重大意义。对此也可以进行如下解释。如果说法国大革命和美国大革命之后，在古典经济学派（魁奈、杜尔哥、斯密）影响下出现的早期社会主义者的阶级论的潮流，可以分为经济阶级论（圣西门、傅里叶、欧文、卡贝）和政治阶级论（梅伯利、梅利耶圣、摩瑞利、布朗基），那么施泰因则是让这两股潮流首次得以汇聚的始祖。②

当然，施泰因缺乏将无产阶级作为生产力的主将这一视角。然而，在现存的社会基础中发现阶级消亡的理论是不可能实现的。依据他的主张，无论是体现了自由人格原理的所有者阶级，还是被排除在此原理之外的无产阶级，都要求在自己身上实现这一原理。在这里，可以说所有者、非所有者两个阶级的利害关系是具有共通性的。并且，只要是与统治阶级共同处于这一利害关系中，无产阶级就无法改变社会的基本原理。③ 其原因在于，他们只有从寻求改变“基于所有的财货分配原理”出发，才能获得他们“自始

① Stein, L. v., *Der Socialismus und Communismus des heutigen Frankreich*, 2. Aufl., 1848, S. 52.

② Hegner, F., Die Entwicklung des sozial wissenschaftlichen Klassenbegriffs bei den Frühsozialisten und bei Lorenz von Stein, in Archivfür Recht-und Sozialphilosophie, Bd. 62 (3), 1976, SS. 401 - 421.

③ Stein, L. v., op. cit., SS. 53 - 54.

至终一贯追求”的原理（自由人格原理）。[①] 施泰因一方面正确认识了阶级对立的不可回避性，并寻求改善良策，另一方面，这种认识不以无产阶级为改造主体，而是希望以国家为主导的社会改良作为背景。

施泰因的阶级论与马克思的根本区别也在于此。马克思在1852年3月5日寄给魏德迈的书信中，将自己的阶级论的独创性归纳为如下三点，即“（1）阶级的存在仅仅同生产发展的一定历史阶段相联系；（2）阶级斗争必然要导致无产阶级专政；（3）这个专政不过是达到消灭一切阶级和进入无阶级社会的过渡”[②]。此问题与第三点相关。

通往阶级社会论的两条道路——施泰因与马克思

（一）就像斯图鲁夫与梅林、马萨里克与桑巴特之间有关“马克思·施泰因论争”[③] 所论述的那样，施泰因与同时代的马克思在建构阶级社会论的方法论上，有着多处共通的地方。其中尤其引人注目的主要有两点。第一，他们的关注点均面向法国。这虽然在一定程度上说明了当时的法国社会在政治上作为先进国家的典范，被落后国德意志视为指南针[④]，但不能忽视的是这也说明他们都是厌恶法国社会主义、共产主义思想的。第二，两者均将这类思想中对

---

① Stein, L. v. , op. cit. , S. 52.

② 《马克思致约·魏德迈（1852年3月5日）》，《马克思恩格斯全集》第28卷，人民出版社，1973年，第509页。

③ 相关文献：Munding, M. , Bibliographie der Werke Lorenz von Steins und der Sekundarliteratur, in R. Schnur（Husg.）: op. cit. , SS. 561 – 625。有关这一论争的简单解说，参见：ローレンツ・シュタイン著 五十嵐豊作訳『社会の概念とその運動法則』、実業之日本社、1949年。

④ Stein, L. v. , op. cit. , S. V1.

于“人格”的否定视为问题点。[①] 这第二点或许与黑格尔哲学是密不可分的。

（二）马克思与施泰因的出发点均受到黑格尔哲学的强烈影响。这在以往的研究中也已被多次提及。例如，福格尔（Paul Vogel）从黑格尔的影响的角度来看施泰因持有的几乎所有的主张，将施泰因的观点总结概括为“社会学的黑格尔主义”[②]。本文虽然无法逐一深入涉及各个论点[③]，但可以从另外一方面得出如下结论。施泰因在从观念论哲学体系中蜕变时，被迫与黑格尔哲学进行方法论上的对决，虽然是不全面的，但是他的论述中亦有所体现。例如，他在《德国的社会主义与共产主义及其未来》[④] 一文中，指出“辩证法式的共产主义和社会主义”必然会发生的哲学（意识形态）背景之一，就是“黑格尔仅仅具有普遍人格，而不具备个别人格的概念”[⑤]，并对于“个别人格”这一概念给出如下定义：“正如黑格尔在其国家哲学中所说的‘所有的人因其各类需要而谋生计，这是道德上的愿望，并非客观的愿望’（《法哲学原理》第 49 节。——译者注），但是，这也说明了黑格尔哲学中的人格概念在其现实性上并不明朗。”如果

---

① 施泰因：“从其自身来看的话，社会主义·共产主义既不是伟大的体系，亦不是真正敏锐的思想。前者欠缺固有的哲学教养，后者欠缺现实性。”（Stein，L. v.，op. cit.，S. 5）马克思：“这种共产主义——由于它到处否定人的个性——只不过是私有财产的彻底表现，私有财产就是这种否定。”《马克思恩格斯文集》第 1 卷，人民出版社，2009 年，第 183 ~ 184 页。

② Vogel，P.，Hegels Gesellschaftsbegrff und seine geschichtliche Fortbildung durch Stein，Marx，Engels und Lassalle，in Kantstudien，Ergänzungsheft 59（1925），SS. 200 - 207.

③ 有关福格尔对于各点的批判，详见：Theis，A.，Lorens von Stein und die deutsche Gesellschaftslehre in der ersten Hälfte der 19. Jahrhunderts，in R. Schnur（Hrsg.）：op. cit.，SS. 47 - 63. 特别是 SS. 49 - 55。

④ Stein，L. v.，Blicke auf de Socialismus und Communismus in Deutschland，und ihre Zukunft，in Deutsche Vierteljahrs Schrift，1844，SS. 1 - 61.

⑤ Ibid.，S. 59.

说这一言论是对黑格尔哲学的观念论的尖锐反驳，那么更不能忽视施泰因对于“黑格尔在其著作《法哲学原理》第46节中并未证明私人所有的必然性，深知并未触及其根本问题”① 的批判，反而应对此点加以重视。

当然，属于黑格尔中间派②的施泰因对于黑格尔哲学的批判性立场，与属于黑格尔左派的马克思相比，缺乏系统性，他的批判不能说是本质上的批判。但是，施泰因与马克思一样，将市民社会这一黑格尔体系的一个要素从其体系中分离出来，在“现实性这一点”上对其加以探讨以求提出具有独创性的理论，对此本文通过考察其有关市民社会的主张足以证明。而且与马克思相同的是，施泰因试图将市民社会作为总体性要素之一，在其独立的理论框架中展开分析。换言之，如果说马克思的总体性构想是将对象的“内在发生”等同于“叙述出生行为”，即“真实的批判”③，那么施泰因的则是作为“可以缓解、消除社会阶级斗争的唯一力量”④ 的国家政策学，即存在于“国家学体系”之中。黑格尔哲学中的特殊要素（市民社会）因此而得以独立，可以探讨其独自的理论性，同时强调对于总体性的认识；即使这些可以在马克思对黑格尔的批判中得到体现，但若只是限于此问题的话，这些特征在施泰因的理论中也是同样存在的。无论是马克思还是施泰因，如果仅仅确认其一般性的结论，仅仅将两者共通的问题意识，即19世纪德国阶级社会论的一般前提视为问题点，那么无论马克思的独特性还是施泰因的独

① Stein, L. v., op. cit., S. 16.

② Hess, M., Socialismus und Communismus, 1843, in Cornu&Mönke (Hsg.): Philosophische und sozialistische Schriften, 1837 – 1850, 1961, S. 208（畑孝一·山中隆次訳『初期社会主義論集』、未来社、1970、57頁）.

③ 良知力『初期マルクス試論』、未来社、1971、15 – 19頁。

④ Stein, L. v., *Der Socialismus und Comunismus des heutigen Frankreich*, 2. Aufl., 1848, SS. 69 – 70.

特性都无法得到印证。问题的重点应是两位思想家各自具有独创性的、各自所探求的独特理论本身的内容，以及他们各自对总体性本身的内涵的认识。探求马克思与施泰因各自的阶级社会论的特点才是应该受到重视的课题。可以说这是解决 19 世纪德国阶级社会论两大潮流的分歧点的工作，但也是超越以揭示出此问题为目的的本文论题范围外的未来课题。

（三）最后将列举施泰因有关国家的见解，尝试为解决上述课题提供线索。

将国家作为人格共同体而把握的国家本体论①，将国家体制视为被社会关系规定的国家体制论②，进一步将国家权力作为阶级统治的手段，再将社会斗争看作围绕获取国家权力而进行斗争的国家权力论③，这些是施泰因的阶级国家论中具有代表性的一般结论。但是，与这些主张处于同等位置并与马克思的阶级国家论明显处于对立位置的，是他的国家形态论。

他主张“只要阶级、集团、身份存在，同时社会中存在对立，国家的现在和未来就会以君主制原理为基础”④。这就是说，“君主制的至高意义”是以“绝对不可侵犯的、自立的国家人格存在于（诸多）自立的人格之中”⑤。另外，即使抛开上述这一点，一方面，“君主制的至高意义”在于“不得不成为应对国家成员之间不断斗争的强大机构的中轴点和凝聚点”⑥，君主制的这个意义得到承认；另一方面，“国民通过代议制度，促进‘多方面的发展’，更充分地

---

① Stein, L. v., *Der Socialismus und Communismus der heutigen Frankreich*, 2. Aufl., 1848, S. 41, SS. 57 – 58.

② Ibid., S. 63.

③ Ibid., S. 30, S. 59.

④ Ibid., S. 68.

⑤ Ibid., S. 61.

⑥ Ibid., S. 62.

支配国家全体”，因此代议制也被视为“拥有至高意义的进步”①，在立宪君主制原理中被看作“可以缓解、消除社会阶级斗争的唯一力量”②。正是这一点说明了在施泰因看来“议会活动在政治上具有高度重要的基础性地位”③，也说明了施泰因的国家形态论与马克思的国家形态论存在根本性的差异。马克思所说的是，“不掩盖社会矛盾，不用强制的因而是人为的办法从表面上制止社会矛盾的国家形式才是最好的国家形式。能使这些矛盾进行公开斗争，从而获得解决的国家形式才是最好的国家形式”④。

与马克思的认识相比，施泰因的国家形态论如实地反映了他在阶级社会中无法找出废除阶级社会的条件这一方法论，同时还要以国家为前提，通过国家来管理、统治苦于阶级对立的、尚未成熟的市民社会，并面向外部强化其国家性。这一点或许也可反映出更多的德意志资本主义社会的特殊性。

---

① Stein, L. v., *Der Socialismus und Communismus der heutigen Frankreich*, 2. Aufl., 1848, S. 41, S. 68.

② Ibid., SS. 69 – 70.

③ Ibid., S. 70.

④ 《六月革命》，《马克思恩格斯全集》第5卷，人民出版社，1958年，第157页。

附录2
“历史的未来”与中间阶级：与弗朗西斯·福山的讨论[*]

弗朗西斯·福山对马克思的批判有三大硬伤：第一，福山认为，近代以后发达国家的人口构成绝大多数是“中产阶级”，这是他没有理解马克思的中间阶级概念而作出的错误结论，无法构成对于马克思的批判；第二，福山认为发达国家的大部分劳动者阶级是富裕的“中产阶级”，这是他没有理解建立在阶级社会基础上的资本主义的现代发展形成的错误认识，同样无法构成对于马克思的批判；第三，福山关于伴随着权威主义政治体制、实现了一部分市场化的中国的崛起是对自由主义的民主体制的极大威胁的主张，同样是他没有理解资本主义的不均衡发展理论而提出的错误观点，也无法构成对于马克思的批判。因此，福山对于马克思的批判是完全错误的。

弗朗西斯·福山在《外交事务》（*Foreign Affairs*）杂志2012年1~2月号发表的题为《历史的未来——自由民主制能否在中产阶级的衰落中幸存下来?》一文引人关注。这是一篇对于近年的新

---

* 本文译者：谭晓军，中国社会科学院马克思主义研究院研究员。

自由主义全球化作出一定的反思，并对资产阶级民主主义体制坦率地表达出危机感的、耐人寻味的文章。其主要内容可简单概括如下。

福山认为，自由民主主义的未来有赖于健全的“中产阶级”。可是，不论是历史性地击退了马克思主义挑战的自由主义，还是响应左翼（如占领华尔街）号召而开展起来的大众运动却并没有兴盛起来，反倒是右翼（比如茶党）的运动肆意地扩大起来。相比之下不难发现，在近年的全球化进程中，自由民主主义正逐渐丧失其健全的基础。而另外一方面，近年以惊人之势发展起来并融入世界市场的中国正给予很多人“中国模式有效”的强烈印象。然而，中国的崛起是对现存国际秩序的严重挑战，而其发展过程中不断成长起来的“中产阶级”的动向却也未必能够保证今后“中国模式”的持续成功。民主主义的未来取决于以下两点：一是在政治上限制既得利益集团（受到工会保护的产业工人）的政治影响力；二是在经济上重新认识并支持对市场绝对信赖的新古典经济学的原则，并对经济采取谨慎的政治掌控。也就是说，必须避免自由贸易背离全球化并趋向保护主义这一现象。

以上就是福山文章的主要观点。颇具讽刺意味的是，本应迎来“终结”的历史却似乎仍在危机与不安之中持续着。尽管如此，为了思考席卷自由主义政治体制的危机的意义，我们不妨还是听一听福山的观点，不过需要注意其中的问题点，即他主张的以下二点：第一，近代以来，与马克思的预言不同，构成发达国家社会人口的大多数的是“中产阶级”。换言之，发达资本主义国家已经告别了马克思所说的劳动者阶级成为多数人口的阶级社会，并成功地创建了以“中产阶级”为主体的“中产阶级”社会（middle class societies）。马克思的阐述在今天只对拉丁美洲、尼泊尔、印度的贫困地区才有意义，而且仅限于极端不平等的地区。第二，发达国家的大部分劳动者阶级已经变成过上富裕生活的“中产阶级”了。劳动者阶级在后工业经济的进程中即便是在数量上也在不断减少，因为社会上形成了位于他们之下的新的下层集团（少数族裔、新移民阶层、被社会排除在外的人们等），与此相比，产业工人却形成了保护自身既得利益的政治势力。第三，局部市场化经济与权威主义的政治体制相结合的中国的崛起对自由民主主义体制造成极大的威胁。

其实，如福山这般对社会乃至现状的认识在西方世界并不鲜见，它既是西方世界大肆宣扬的观点，更是一般性的认识，也是经常搬出来用以批判马克思的一般论调。遗憾的是，以马克思的阶级论的立场对此予以批驳的事例，以笔者有限的了解，即便是在西方世界也还未见过。为此，对于上述福山的三个观点，笔者想谈谈自己的主张。

福山的“中产阶级”概念的错误

对于第一个问题，首先应该指出的是福山从根本上误解了马克思的中间阶级（middle class）的概念。马克思所说的中间阶级是处于贵族阶级（上流社会）与雇佣劳动者阶级（下层社会）之间的近代资产阶级，即资本家阶级。福山所说的“中产阶级”不过是指在劳动者阶级内部形成的、比较富裕且安定的阶层（所谓的“中产阶级”），二者所说的是完全不同的内容。福山却将自己的“中产阶级”视为与马克思论述的中间阶级相同的概念，并以此误解为基础，试图对马克思展开批判，显然是荒谬的，因为这二者之间甚至连最起码的讨论都无法展开，更不要说所谓的批判了。

之所以产生这样的差异，笔者认为主要是福山没有理解阶级的不同含义和所包含的不同语义。不论何种语言，通常对应不同的行文（即上下文。——译者注）时就会带有不同的含义，解说社会人口部分的阶级概念也不例外。正因如此，人们意识到需要将“阶级”作为专业术语有区别地使用。例如，上流（upper）、中间（middle）、下层（lower）的阶级区分与贵族、资本家（资本家或经营管理者）、地主、独立自营业主、劳动者的阶级划分明显就是在不同的语义之下进行的。将前者作为社会学意义上的阶级概念的话，后者可以说是表现历史性实体的阶级概念。而且，所谓“中间”一词，通常是指与两极（extreme）相等的词，因此中间阶级也因为其介于上流阶级与下层阶级之间才具有存在的意义。因此，从这个意义上讲，中间阶级这个概念在历史性上、实体上并不包含任何内容，只是依据在两极间的位置的变化，中间的含义、内容才相应发生改变。如果以为马克思时代的中间阶级与现代的“中产阶级”是指同样的内容的话，那就会产生很荒谬的误解。更何况，对于存在于两极之间这样的人口部分，探寻其从历史意义上讲具有怎样的实体特征才更为重要，而这才是阶级理论原本的课题和视角。福山缺乏的正是这种问题意识。很明显，马克思时代置于中间阶级之上的上流阶级是指贵族阶级，置于其下的下层阶级是指近代无产阶级（即经济上的雇佣劳动者阶级），正是因为立足于这样的认识，马克思才定义了当时的中间阶级首先是指资产阶级（即经济上的资本家阶级、政治上与贵族阶级结成同盟的统治阶级）。[1]

那么，现代的中间阶级应该是怎样的一种存在呢？位于上流的早已不再是贵族阶级，换句话说，已经是大资产阶级的近代形式的

---

① Karl Marx, “Prospect in France and England”, *Daily Tribune*, April 27, 1855, in Marx-Engels Collected Works; Watanabe Masao, Kaikyu! Shakai-ninshiki no Gainen-sōchi (Class! The Conceptual Framework of Social Analysis), esp. chap. 4, Tokyo; Sairyusha, 2004.

资本家阶级以及现代形式的经营管理者阶级（CEO 阶级）。现在的下层是人口占压倒性多数的雇佣劳动者阶级（其上层是期待向上、通过社会移动进入资本家阶级的精英部分，下层则是被劳动市场排挤出来的贫困阶层或是受到排挤的不稳定的就业阶层，可见这里也绝不是只有一个相同的阶层），而如果把存在于这两者之间的人口作为现代的中间阶级的话，那么现代的中间阶级就只能是指零散的独立个体经营阶层（自耕农和城市个体经营业者），不会是其他的了。当然，福山设想的“中产阶级”并非是这样的独立个体经营的阶级，他在论文中是这样描述的：“我所说的‘中产阶级’指的是处于高收入和低收入之间的社会阶层，至少接受过中等教育，拥有不动产、耐用品或自己经商。”①

福山的这种对“中产阶级”的定义只能说是一种凭直觉的、庸俗的、非社会科学的定义。即便退一万步来讲，理解其含义并予以分析的话，这个定义也只能是指劳动者阶级内部形成的比较富裕的、稳定的中间阶层，仅此而已。不言自明，虽然拥有通过贷款购买的一些不动产，但如果只是用于维系生计而未达到进行经营活动的规模，这些人就不可能成为地主阶级。虽然拥有上班用的私家车，却并不能与富裕阶层借以炫富的高价耐用品相提并论（而只会导致交通阻塞罢了）。至于说到学历，如果只是中等教育（secondary education）水平的学历的话，他们就连期望被资本家阶级选中并作为向上晋升的社会移动的资格都不够，因此与拥有高等教育学历的精英劳动者不同，他或她的一生只能停留在劳动者阶级的地位，这是再明显不过的了。至于经营个体事业（own business）的人，这是指被称为独立、私营的本来意义上的中间阶级（即所谓

① 弗朗西斯·福山：《弗朗西斯·福山：历史的未来》，朱新伟译，《社会观察》2012 年第 2 期。

的“旧中间阶级”），在这一点上，很明显，福山的“中产阶级”的定义中又掺杂了不同的因素，缺乏一贯性。也就是说，福山所说的“中产阶级”实际是指历史性地享受了战后过得去的（modest）雇佣环境（正因如此，才能享受某种程度的收入、住房、教育和消费）的劳动者阶级中的一部分人。如果在这里硬要将其视为“中间阶级”的话，也只能定义为劳动者阶级内部的“中间”阶层，而像福山那种将其与劳动者阶级割裂开来，认为是另外一种存在的观点本身就是错误的。更何况其依据的还是对 19 世纪劳动者阶级的印象，因此是更为明显的错误。

可见，如福山这般提出民主主义的问题从根本上讲就是错的，民主主义的未来自然也不会有赖于现实中并不存在的“中产阶级”，而应依赖劳动者阶级，而且要依赖这数十年来在新自由主义的全球化的攻势中，在经济不断变得羸弱、在差距日益扩大的境况下，恐惧于跌入社会性危机中的劳动者阶级的“中间”阶层。至少，福山需要这样提出问题才行。

“中产阶级”的困境

这样的话，我们再看看福山观点中潜在的第二个问题点，即劳动者阶级的“中间”阶层在战后获得的果实是如何得而复失的。虽然受到篇幅的限制，无法对 20 世纪的阶级斗争的历史进行详细的阐述，但至少有必要指出以下几点。

第一，福山所说的发达国家的劳动者阶级的“收入”（雇佣）、“学历”（教育）、“耐用品”（消费）、“不动产”（住宅）是在第二次世界大战之后获得的。战后的发达资本主义国家的确是将获得这些成果（前面提到的要素中再加上医疗、福利）作为本国劳动者阶级的“社会权利”来加以保障，并通过接纳劳动者阶级为“共同体完全成员”（full membership of a community）[①]，实现了将阶级对立压制在体制内部，将劳动者阶级整合在体制内部的目的。通过赋予劳动者阶级支撑体制的责任，作为回报，在福利国家，与战前相比劳动者阶级的生活水平的确有了戏剧性的提高。不仅如此，劳动者阶级的社会地位也发生了根本性改变。现代无产阶级早已与马克思的时代不同，不再是市民社会中的不属于任何阶级的市民社会阶级。在市民社会，他们被赋予市民权利（citizenship），而且权利受到保障，成为有责任的阶级（人口集团）。于是，此处产生了战后无产阶级所固有的课题。发达国家的劳动者一方面作为阶级存在依然被编入不平等的体制之中，另一方面作为市民存在又成为平等权利受到保障的社会构成人员，他们不得不在这种（阶级与市民、不平等与平等相互对立）包含着二重性的矛盾的社会中生存。[②]

第二，如上所言，战后资本主义通过将获得的一部分成果分配给劳动者阶级的做法推进了某种程度的阶级妥协。[③] 对于实现了这种妥协的可能性的战后资本主义新体制，马克思主义者从各种观点出发给予诸多论述，并通过给出各种各样的名称，如凯恩斯型战后资本主义、国家垄断资本主义、福特主义等，希望阐明这样几个内容：战后资本主义与战前资本主义具有怎样的巨大差距；构筑了战后体制的美国的“大量生产、大量消费”型资本主义模式是如何受到发达资本主义各国热切追捧的；在这种体制下为了整合发达国家的劳动者阶级，各国如何伴随着推广劳资协调思想，强力推行阶级妥协；伴随着 1973 年的石油危机，实现了这种阶级妥协的资本主

① Thomas Humphrey Marshall, *Citizenship and Social Class: And Other Essays*, Cambridge University Press, 1950.

② 高島善哉「現代国家論の原点」『高島善哉著作集』第 8 巻、東京：こぶし書房、1997 年。

③ Asbjorn Wahl, *The Rise and Fall of the Welfare State*, London: Pluto Press, 2011.

义黄金时期结束之后，资本主义不断遭到深刻的危机袭击的事实。不难看出，战后资本主义的美国模式陷入困境正是从那时（20 世纪 70 年代）开始的。

第三，尽管如此，战后各国的资本家阶级依然将自由主义奉为支撑新的经济社会体制的指导理念。当然，这已并非是 19 世纪宣扬的“自由放任”的古典自由主义，正如在 19 世纪向 20 世纪转换时期所看到的那样，也并非是寄希望于社会公平的修正自由主义（new liberalism），而是适合大规模垄断的自由主义，即詹姆斯·维因斯坦（James Weinstein）、马丁·J. 斯克勒（Martin J. Sklar）所称的法人自由主义（corporate liberalism），是替代战后凯恩斯主义的自由主义。这种自由主义的特征是通过对企业活动进行国家管制以期实现自由主义。直到美国 19 世纪 70 年代遭受深刻的危机，支配战后资本主义黄金时期的思想就是这样形成于两次世界大战期间（20 世纪二三十年代）。战后伴随着美国帝国主义的霸权的兴起，发达资本主义各国广泛传开了自由主义的新形式。① 这与 20 世纪 80 年代以后产生的、谋求废除国家对于民间企业管制的新自由主义（neo-liberalism）形成对比。但不管怎样，需要确认的是自由主义并非只有一种，从历史上看，为了适应时代的发展需要，曾出现过各种各样的形式，这是

① 详见：James Weinstein, *The Corporate in the Liberal State: 1900 - 1918*, Boston: Beacon Press, 1968; Martin J. Sklar, *The Corporate Reconstruction of American Capitalism, 1890 - 1916: the Market, the Law, and Politics*, New York: Cambridge University Press, 1988 を参照。日文文献有：高橋章 Takahashi Akira「「コーポリット・リベラリズム」論ノートA Note on the theory of Coroporate Liberalism」『人文研究 Jinbun Kenkyu（大阪市大 Osaka City University）』第 31 巻第 8 号 Vol. 31 No. 8、1979 年；同『アメリカ帝国主義成立史の研究 The Making of American Imperialism』名古屋大学出版会 Nagoya University Press、1999 年；楠井敏朗 Kusui Toshirō『法人資本主義の成立 ~ 20 世紀アメリカ資本主義分析序論 The Making of Corporate Capitalism』日本経済評論社、1994 年、同『アメリカ資本主義とニューディールAmerican Capitalism and New Deal』日本経済評論社 Nihon Keizai Hyouronsha、2005 年等。

不争的事实。这也为我们理解法人自由主义之后，新的时代即20世纪80年代之后的新自由主义提供了重要的线索。始于20世纪70年代的战后资本主义危机，于80年代之后在世界范围内扩展开来，资本家阶级为了寻求可以替代一直使用的法人资本主义的新自由主义，曾经进行了多次激烈的思想交锋。在智利的政变中，芝加哥学派的经济学家们跃上前台，大显身手，使新自由主义初露真容。撒切尔、里根、中曾根掌握发达资本主义国家政权后，可以明显看出，在资本家阶级内部，新自由主义已从法人自由主义手中夺取了政治上的霸权。接下来便开始对凯恩斯主义发动进攻，伴随着放松管制、推动民营化的叫嚣，华盛顿共识、市场原理主义的潮流正式拉开帷幕。①

于是，众所周知，之后推行新自由主义的30多年，福利国家解体、社会差距不断扩大，不断加深的危机即货币危机、金融危机、财政危机在世界范围内接连爆发。摆脱新自由主义现在正成为资本家阶级的当务之急。然而，资本家阶级却也为找不到替代新自由主义的“权威性观念”而苦恼不已。福山的感叹以及他的梦想正反映了无法提出能够取代新自由主义的、新的有效的自由主义理念的资本家阶级的焦虑。然而，急躁之余，福山恼火地指责左翼无能的做法却让人多少有些难以理解，因为正是由于成功而彻底地削弱了左翼力量，资本主义国家才得以如此完美地实现了从法人自由主义向新自由主义霸权的转换。不过，令人无法忘记的是，当年虽然芝加哥学派已经登场，但资本主义国家对于通过民主选举产生的智利阿连德政权依然发动了军事政变，并对支持阿连德的劳动者、市民、学生进行了残杀、镇压。而使得资本主义危机深重的新自由主义的失败，也是在资本家阶级占据绝对优势的情况下发生的事实，这同样令人难以忘却。

---

① Kees Van Der Pijl, *The Making of an Atlantic Ruling Class*, London: Verso, 2012, Preface to the 2012 Edition.

“中国模式”的实质

最后，令福山恐惧的、对自由主义提出重大挑战的是“中国模式”问题。中国的市场经济化在全球所占的比重不断增大，特别是如何理解中国经济的政治影响力，正是福山不安之所在。

不过，回顾历史，同样的恐惧和不安却是迄今为止后起的资本主义国家加入世界市场、参与国际竞争之际感觉威胁到本国优势地位时，先行的资本主义国家的共同反应，并非什么新鲜事物。通常这时先行的国家表现出来的反应与反弹也具有一定的相通模式，即将问题的本质归结为威胁到自身霸权的后起国家的国民性或者其独特的文化倾向。例如，英国通过产业革命率先确立了产业资本主义，在它想要确立帝国主义霸权之际，与其对抗的法国采取了特殊的政治社会体制（波拿巴主义）虽是历史事实，但当时将其视为法国所固有的特殊问题、煽动敌视法国的法国威胁论或者与这种法国威胁论相结合的法国国民性理论，却是以英国国民的排外的爱国主义思想（民族主义）的形式流行开来的。之后，德国（普鲁士）在帝国主义的竞争中成为先行帝国主义国家的有力挑战者而加入世界市场，而将德国视为近代国家的榜样而开启近代化的明治维新后的日本为了夺取亚洲的霸权而对邻国发动帝国主义战争——对它们的举动感受到威胁的一方常常都是夸大那个国家的文化特殊性、国民性，以及那个国家所固有的习惯和传统等特殊性理论。现在，面对中国的兴起，福山口中的中国威胁论也让人有同样的感觉。

要与这样的特殊性理论划清界限。马克思曾指出：法国政治社会体制的“特殊性”源于落后的国家和市民社会的特殊关系。马克思在其著作《路易·波拿巴的雾月十八日》中尖锐地指出，波拿巴主义的本质是市民社会对于国家的从属，以及由此引发的中间阶级（资本家阶级）的政治不成熟表现。

在法国之后，德国（普鲁士）刚加入世界市场时，在俾斯麦的治理下，市民社会被置于远超过波拿巴主义的国家的强有力的庇护和约束之下，遵循“自上而下的近代化”的发展路径。德国的近代化方式与英国、法国的“自下而上的近代化”形成对比，与个人自由相比，优先于国家权力和控制的德国市民社会的独特性于是成为常常被解说的对象，而产生这种独特性的最终原因就是该国的市民社会的阶级构成的独特性。

至于日本就更不必再说了，明治维新以后，日本的近代化包括资本主义和帝国主义的发展过程。这一过程（从明治维新以后到战败以前）中，日本作为后起的挑战国，培育出带有浓厚的“半封建”色彩的资本主义，并建立在独特的政治社会体制即天皇制的基础之上。在这样的体制下，市民社会极为脆弱，资本家阶级没有自立能力，而是满足于通过与国家权力的结合勉强守护住自己的利益。

这种市民社会与国家相结合，政治比经济更占优势，市民社会缺乏自立性，与个人和社会相比国家占有压倒性的优势等特征，在后发展起来的近代化国家中表现得尤为明显。这些并不是基于国民性的特征而是源于后起性的特征，对于在帝国主义的国际关系中谋求市场经济发展的挑战者国家来说，是印刻在其市民社会中的难以回避的历史性特征。相比于英国的法国、相比于法国的德国、相比于德国的日本，其历史上都曾显示出市民社会自立得更晚的特点。在这些国家，国家的优势地位越来越明现、官僚比民众更为获利、行使国家权力比保护个人权利更为优先等，都是事实。将所有这些都归因为国民性、文化特性或是传统来论述的话是很荒谬的。后起国家以挑战者国家的姿态对抗霸权国家，如果想在世界市场上取得更有利的业绩的话，支配着市民社会的统治阶级就要最大限度地利用国家权力，国家同样要作出回应，努力维持其霸权，这是必然的。这种近代化的路径（一般被称为“自上而下的近代化”）曾是后起国家无法回避的历史性路径。尽管如此，笔者却无意为上述后发国家的历史性的落后作辩护，而是主张进行历史性说明的必要性。当然，挑战者国家挑战霸权国家，在对于后起国家有利的条件下，其想要获得胜利的时间是有限的。即便如此，源于挑战者国家的后起性的特征在一定程度上或是在某种意义上会成为模式。如果看看日本的近代化模式源于普鲁士的模式的话，那就很好理解了。但是，这种关系随着历史条件的变化、竞争的持续，也会发生这样或那样的变化。如果从以日本为开端的发达资本主义国家在第二次世界大战后接受美国的法人资本主义，告别古典自由主义，进而追求大规模垄断的现代资本主义的过程来看，其就更好理解了。而成功的模式一夜间就转为失败模式，想一想泡沫经济前后对于日本式经营的毁誉褒贬，也就不难理解了。事实上，20 世纪 80 年代后期到 90 年代初期，日本经济曾经是一派繁荣景象，称赞日本经济“成功”的声音响彻全世界，而促成日本“成功”的即是所谓的日本式经营（终身雇佣、年功序列、企业内工会）。当时，日本式经营作为成功的范例受到广泛赞誉。然而，经济泡沫破灭后，日本经济一度陷入闭塞、衰退的恶性循环中，日本式经营又顿时成为日本经济失败的罪魁祸首，企业纷纷放弃日本式经营，现在再无人理睬日本式经营了。

所有这些都是因为进入世界市场参与国际竞争较晚，却又不得不在这样的环境中推进近代化或市场经济化（资本主义化）的挑战者国家，与面对挑战时试图保住霸权的帝国主义霸权国家之间在世界市场上产生的竞争问题。这作为与资本主义不均衡发展相关的问题，马克思主义者在很早以前就已经阐述过了。

中国模式的未来当然不存在要依赖“中间阶级”的政治方向性的问题，而是依赖福山误以为“中产阶级”的劳动者阶级的主要部分，以及依赖对其进行国民整合的国家官僚和经营者阶级（“官商阶级”）的政治影响力。问题在于市民社会内部阶级构成的现实状况。深究的话，实际上是统治阶级在怎样的力量关系中把作为经济共同体的市民社会与作为政治共同体的国家整合起来的问题。因为事态正如马克思所说的，现在还不是我们的产业资本家们从事国家事务、研究哲学的时候。

图书在版编目(CIP)数据

马克思的阶级概念／（日）渡边雅男著；李晓魁译. --北京：社会科学文献出版社；重庆：重庆出版社，2016.12

（国外马克思主义和社会主义研究丛书）

ISBN 978-7-5097-9995-6

Ⅰ.①马… Ⅱ.①渡… ②李… Ⅲ.①马克思主义-阶级-理论研究 Ⅳ.①A811.64

中国版本图书馆 CIP 数据核字（2016）第 283270 号

国外马克思主义和社会主义研究丛书

马克思的阶级概念

著　　者／［日］渡边雅男

译　　者／李晓魁

校　　者／宋丽丹

出 版 人／谢寿光

项目统筹／祝得彬

责任编辑／仇　扬　王小艳

装帧设计／刘沂鑫　刘　颖

出　　版／社会科学文献出版社

地址：北京市北三环中路甲 29 号院华龙大厦　邮编：100029

网址：www.ssap.com.cn

重庆出版社

地址：重庆市南岸区南滨路 162 号 1 幢　邮编：400061

网址：www.cqph.com

发　　行／重庆出版集团图书发行有限公司

印　　装／三河市东方印刷有限公司

规　　格／开 本：787mm×1092mm　1/16

印 张：13.75　字 数：172 千字

版　　次／2016 年 12 月第 2 版　2016 年 12 月第 1 次印刷

书　　号／ISBN 978-7-5097-9995-6

著作权合同登记号／图字 01-2015-7111 号

定　　价／59.00 元